교통수단,
세상의 거리를 좁히다

미래생각발전소 18 교통수단, 세상의 거리를 좁히다

초판 1쇄 발행 2021년 10월 25일

글쓴이 김영모 | **그린이** 이경국
펴낸이 김민지 | **펴낸곳** 미래M&B
등록 1993년 1월 8일(제10-772호)
주소 04030 서울시 마포구 동교로 134(서교동 464-41) 미진빌딩 2층
전화 02-562-1800 | **팩스** 02-562-1885
전자우편 mirae@miraemnb.com | **홈페이지** www.miraei.com
블로그 blog.naver.com/miraeibooks | **인스타그램** @mirae_ibooks
ISBN 978-89-8394-923-3 74300 | ISBN 978-89-8394-550-1 (세트)

* 잘못 만들어진 책은 구입처에서 바꾸어 드립니다.
* 이 책은 저작권법에 따라 한국 내에서 보호받는 저작물이므로 무단 전재와 복제를 금합니다.

아이의 미래를 여는 힘, **미래 i 아이**는 미래M&B가 만든 유아·아동 도서 브랜드입니다.

지식과 생각의 레벨업
미래생각발전소

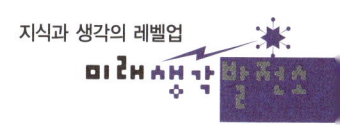

교통수단,

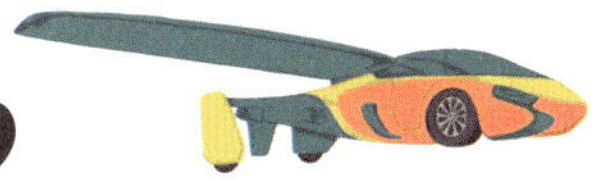

세상의 거리를 좁히다

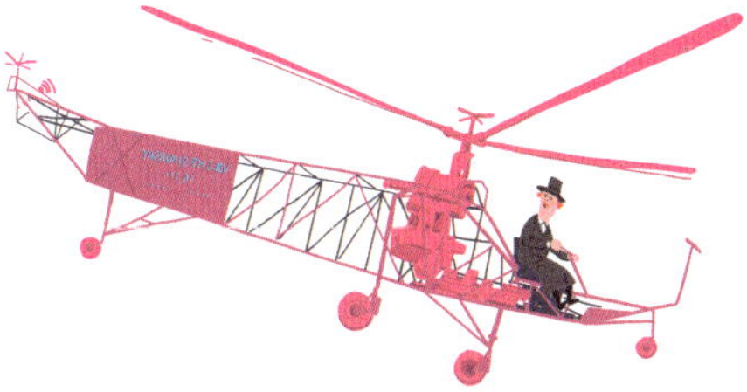

김영모 글 | 이경국 그림

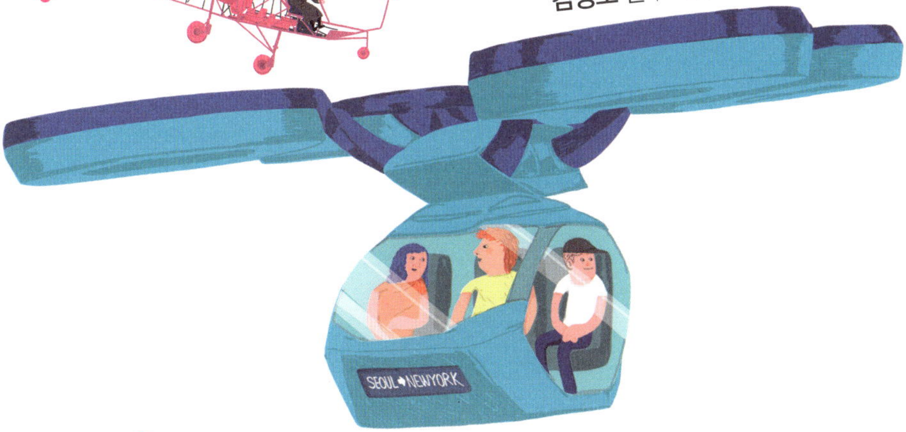

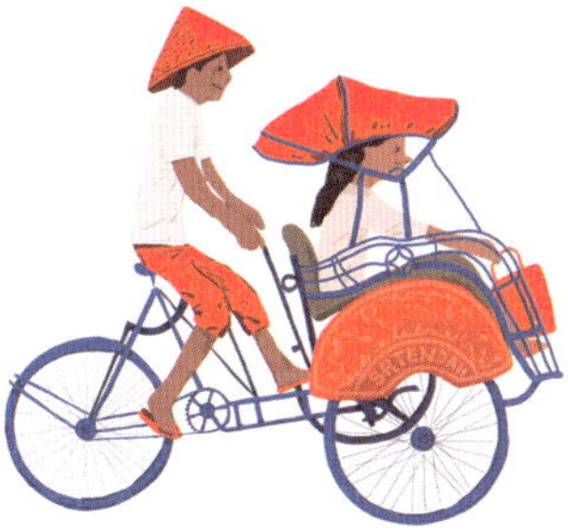

미래i아이

○ **머리말**

　이 책은 쓰는 동안 너무 재미있어서 순식간에 썼어요. 마치 역사의 중요한 순간순간마다 직접 여행을 떠난 것 같았지요. 2천 년 전 이탈리아 제노바에서 예루살렘으로 성지 순례를 가는 배를 같이 타 보는 상상을 해 봤어요. 배에서 계란과 고기를 먹기 위해 닭을 사 들고 올라가서 배 안에서 닭 모이를 주고 흔들리는 배에서는 난간을 잡으려고 버텼겠지요. 리버풀에서 맨체스터로 가는 스티븐슨의 첫 증기기관차 로켓호를 타고 칙칙폭폭 굉음과 진동, 시커먼 석탄 연기를 뒤집어쓰고 가슴 벅차했을 사람들이 과연 그 순간 인류 최초의 증기기관차를 타고 있다는 생각을 했을까요?

　축구장 3배 크기의 체펠린 비행선을 타고 우아하게 그랜드 피아노 옆을 거닐며 하늘에서 빼꼼 땅을 내려다보는 상상을 해 봐요. 저 아래 점처럼 보이는 땅 위의 건물들을 보면서 처음으로 하늘을 나는 사람들의 마음은 얼마나 흥분됐을까요? 그런데 그 거대한 비행선이 바로 내 눈앞에서 폭발하는 장면을 봤다면… 상상만 해도 끔찍하지요.

　정주영 회장이 영국의 바클레이 은행에 가서 5백 원짜리 지폐를 흔들면서 "대한민국은 영국보다 300년 앞서 철갑선을 만든 민족이오!"라고 외칠 때 그분의 마음은 어땠을까요? 그 순간이 바로 우리나라가 조선 세계 1위 국가로 가는 첫 단추를 끼우는 때였다는 걸 그분은 상상이나 했을까요? 책 속의 이야기를 쓰면서 나도 모르게 그 당시로 돌아가 가슴 벅찼답니다.

  태양광만으로 세계일주에 성공한 비행기 이야기를 쓸 때는 실제로 제가 유럽에서 근무할 때 그 공장에 출장 갔던 일이 생생하게 생각났어요. 백만장자인 피카르 씨가, 자신의 할아버지는 해저 가장 깊은 곳을 정복했고, 아버지는 기구를 타고 하늘 가장 높은 곳을 정복했기 때문에 본인은 더 이상 정복할 곳이 없어 친환경으로 세계를 정복하겠다고 말할 때 이렇게 생각했어요. '이분은 유전자 속에 흐르는 도전 정신 덕분에 분명 모든 어려움을 뚫고 성공하겠구나.'라고 말이에요. 내가 방문한 지 7년이 지난 후 세계 일주에 성공했다는 소식을 전하면서 그날의 기억과 그분이 느꼈을 감격에 함께 벅차했던 것 같아요.

  다양한 교통수단의 역사와 종류를 소개하면서 내 마음은 처음부터 미래에 가 있었어요. 미래의 이동수단에는 어떤 것들이 있고 그 모습은 어떨지 독자들이 최대한 상상할 수 있도록 자유롭게 글을 쓰고 싶었어요. 이제 곧 본격적으로 다가올 자율주행의 시대에 어떤 일들이 일어날 것이고 어떤 점들을 고려해야 하는지 이런저런 상상의 보따리를 펼치면서 이 책을 읽는 분들이 언젠가는 그런 미래를 이루기를 기대해요.

  부족한 글이 출판되도록 도와주신 미래아이와 편집장님, 멋진 그림으로 생명을 부어 주신 이경국 작가님께 감사드려요. 또한 묵묵히 지지해 준 아내와 가족, 그리고 하나님께 모든 감사를 드립니다.

-김영모

차례

머리말 … 4

Chapter 1 우리 삶에 없어서는 안 될 교통수단

우리 생활과 교통수단 … 10
교통수단이 종교와 사상의 전파를 이끌다 … 13
전쟁의 판도를 바꾼 교통수단 … 16
로마 제국의 멸망을 가져온 훈족의 말 … 19
동서양을 하나로 만든 실크로드 … 23
생각발전소 몽골 제국의 발달이 인류에 미친 영향 … 26
교통수단에는 어떤 것이 있을까? … 28
교통수단의 발달로 달라진 우리 생활 … 31

Chapter 2 과거의 교통수단

이카로스의 꿈과 바퀴의 발명 … 36
로마 시대부터 '차는 차도로, 사람은 인도로' … 40
인류의 오랜 교통수단, 마차 … 44
대항해 시대의 주인공, 범선 … 50
증기기관이 열고 증기기관차가 완성한 산업혁명 … 58
생각발전소 증기기관과 산업혁명 … 62
이카로스의 꿈을 이룬 라이트 형제 … 64

Chapter 3 현재의 교통수단

두 바퀴로 말보다 빨리 달리는 자전거 … 72
자동차는 말보다 빨리 달릴 수 없다 … 76
자동차 대중화와 생활의 변화 … 80
생각발전소 포드의 컨베이어 벨트와 산업혁명 … 85
세계대전과 함께 발전한 자동차 … 88
세계를 연결하는 대륙 횡단 철도 … 93
생각발전소 철도가 미친 영향 … 98
고속철도의 무한 경쟁 … 100
조선 산업의 역사와 조선 강국 대한민국 … 104
생각발전소 선박의 종류와 구분 … 109
하루 만에 지구 반대편으로 … 112

환경과 목적에 따라 다양한 교통수단 ⋯ 114
    필리핀 지프니, 인도네시아 앙콧, 태국 툭툭 ⋯ 117
    네덜란드 바이크 택시, 인도네시아 베작, 베트남 시클로 ⋯ 119
    베네치아 곤돌라, 시드니 수상택시 ⋯ 120
    트램, 모노레일, 케이블카 ⋯ 123
    갯배와 널배 ⋯ 125
    산악철도와 톱니열차 ⋯ 126
    독일 슈베베반, 일본 지바 도시 모노레일 ⋯ 127
    수륙양용버스 덕 투어와 앰피버스 ⋯ 129

Chapter 4 미래의 교통수단

미래 교통수단의 네 가지 키워드 ⋯ 132
나 혼자 타고 움직인다, 퍼스널 모빌리티 ⋯ 137
핸들은 어디에? 미래 자동차의 모습 ⋯ 142
라이트 형제의 후예들과 개인용 항공기기 ⋯ 147
    하늘을 나는 자동차, 플라잉 카 ⋯ 147
    로켓맨의 꿈, 제트팩과 플라잉 보드 ⋯ 150
생각발전소 태양광만으로 세계 일주를 성공한 비행기 ⋯ 152
우리 일상에 다가온 로봇과 드론 ⋯ 154
미래의 선박, 다시 범선으로? ⋯ 158
    배도 스스로 움직인다, 자율운항 선박 ⋯ 159
    스마트 선박과 친환경 선박 ⋯ 160
    빨라지고 커지는 미래의 배, MHD 추진선과 초대형 고층 선박 ⋯ 162
비행기에 도전하는 자기부상열차와 튜브 ⋯ 165
    궤도 위를 떠다니는 자기부상열차 ⋯ 165
    일론 머스크의 도전 하이퍼루프 ⋯ 167
미래에 가족 여행은 우주로 ⋯ 169

Chapter 5 미래의 교통수단으로 달라질 모습

자동차일까, 비행기일까? ⋯ 174
달라질 주차 공간과 도로 환경 ⋯ 177
자율주행 자동차의 교통사고는 누가 책임을 질까? ⋯ 181
생각발전소 누구를 살려야 할까? 트롤리 딜레마 ⋯ 184
자율주행과 차량 공유 시대에 힘들어질 산업 ⋯ 186
자율주행과 차량 공유 시대에 떠오를 산업 ⋯ 190

Chapter 1
우리 삶에 없어서는 안 될 교통수단

우리 생활과 교통수단

우리는 여행이나 출퇴근, 등하교 때에 빠짐없이 교통수단을 이용해요. 빠르고 편리한 교통수단이 없다면 사람들은 절

대 먼 거리를 오가며 많은 일을 해낼 수 없을 거예요. 일상생활뿐만 아니라, 극지나 우주탐사, 인명 구조, 석유 채취 또는 전쟁 및 결혼식과 같은 행사에도 없어서는 안 될 것이 바로 교통수단이랍니다. 전쟁을 할 때에도 군인들과 무기, 그리고 군수품까지 모두 전쟁터로 이동해야 전쟁을 치를 수 있어요. 이 중에 한 가지라도 제때에 충분하게 도착하지 못하거나 적절하게 사용하지 못해서 전쟁에서 패한 경우도 있지요.

요즘은 배나 기차, 자동차 또는 비행기로 군인, 무기, 군수품 등을 운

반하지만 옛날에는 어땠을까요? 말이나 소가 *끄*는 마차가 생기기 전에는 사람이 직접 운반하였고, 식량으로 사용하기 위해 소, 돼지, 닭과 같은 가축을 전쟁터에 데리고 가기도 했답니다. 그것들을 기르기 위한 사람도 당연히 따라갔을 것이고요. 그럼 미래에는 어떻게 변할까요? 미래의 전쟁에는 사람 대신 로봇 또는 드론과 같은 무인비행기가 싸운다는데 그때에도 식량 같은 군수품이 지금처럼 많이 필요할까요? 로봇이나 드론은 어떻게 전쟁터까지 운반할까요? 아니면 직접 날아갈까요?

교통수단은 우리의 생활과 매우 밀접한 관계가 있고 상황과 목적에 따라 다양하게 사용되고 있으며 시대에 따라 계속 변하고 있답니다. 교통수단이 어떻게 변화해 왔고 어떤 상황에서 어떻게 쓰이고 있으며 우리의 삶에 어떤 영향을 미칠지 살펴보기로 해요.

교통수단이 종교와 사상의 전파를 이끌다

사람이 동물과 다른 것 중에 하나가 종교가 있다는 거예요. 전 세계의 모든 종족은 각자의 종교를 가지고 있는데, 가깝든지 멀든지 어딘가에서 누군가가 교통수단을 이용해서 거기까지 와서 전파한 걸 거예요.

2천 년 전에 중동의 이스라엘에서 시작한 기독교가 150년 전 한국에 전파된 경로를 따라가 볼까요? 2천 년 전 기독교를 전파했다는 죄로 사도 바울은 로마로 압송되었어요. 로마 시민이었던 바울을 당시 로마 식민지였던 이스라엘에서 재판할 수 없어서 로마로 보내야 했어요. 바울은 배를 타고 로마로 가게 되었고, 바울이 순교한 후에 로마의 황제 콘스탄티누스 1세는 313년 밀라노 칙령을 반포하여 기독교를 공인하였어요. 결국 기독교는 배를 타고 이스라엘에서 로마로 전해졌던 거지요. 당시 로마는 유럽 전역을 지배하고 있었고 로마에서부터 식민지 방방곡곡으로 건설된 로마 가도는 사람과 물자가 이동하는 통로였지요. 이렇게 기독교는 로마 가도를 따라 유럽 각지로 전파되었어요.

천 년 넘게 유럽에서만 머물던 기독교는 배를 타고 대서양을 넘게 돼요. 이탈리아의 콜럼버스는 스페인 이사벨 여왕의 후원으로 1492년 대서양을 건너 현재의 쿠바 지역에 도착하게 되고 그 후 몇 번의 항해를 거듭하여 이곳에 스페인 식민지를 건설하고 행정관으로서 다스렸어요. 그때 가톨릭 신부가 같이 가서 성당을 짓고 가톨릭을 전파했지요.

한편, 개신교는 영국을 통해서 아메리카 대륙으로 전해졌어요. 이 또한 당시 대서양을 건널 수 있는 유일한 교통수단인 배를 통해서였지요. 당시 성공회의 압박을 받던 개신교도들은 종교의 자유를 찾아 1620년 신대륙인 아메리카로 메이플라워호를 타고 건너갔어요. 당시 추위와 질병으로 절반 이상이 사망하였으나 무사히 도착한 사람들이 1년 후 첫 농사 열매를 드린 예

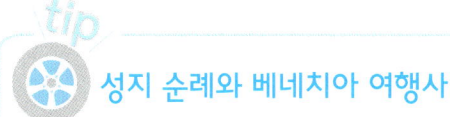

성지 순례와 베네치아 여행사

서유럽 기독교인들에게 예루살렘은 죽기 전에 꼭 가 보고 싶은 성지였고, 그렇기 때문에 많은 사람들이 큰돈과 시간을 들여 성지 순례 여행을 떠났다. 예를 들면 영국에 사는 신도가 성지 순례를 다녀오려면 6개월 이상 걸리는데, 로마 가도를 따라 몇 달에 걸쳐 베네치아로 온다. 베네치아에서 한 달가량 머물면서 예루살렘으로 가는 배를 탈 준비를 하는데 망토, 침구에다가 세숫대야(원래는 세수를 하기 위하여 샀지만 토하는 데 더 많이 사용되었다고 한다.)와 조금 여유가 있는 사람이면 자기가 먹을 달걀을 얻기 위해 닭도 사서 실었다고 한다. 베네치아에서는 정기적으로 예루살렘과 지중해를 오가는 여객선과 여행 프로그램을 만들어 성지 순례자들을 실어 날랐고 여행을 위한 선박 및 숙박 예약과 준비물을 챙기는 일을 도와주는 '트로마리오'라는 공무원들까지 있었다니 최초의 여행사가 베네치아라고 해도 될 것이다.

배가 바로 추수감사절의 기원이 되었어요.

  우리나라의 기독교는 조선 시대 때 처음으로 전파되었어요. 1603년 중국에서 예수회 선교사 마테오 리치가 간행한 『천주실의』라는 책을 읽던 조선의 선비들 중에 일부가 신앙으로 받아들이면서 최초로 가톨릭이 조선에 전파된 것이지요. 또한 개신교 역사는 1866년 로버트 토머스 선교사가 제너럴셔먼호를 타고 대동강에 도착한 사건으로 시작돼요. 당시 토머스 선교사는 순교를 하였지만 그때 죽기 직전 성경책을 건네받은 박춘권이라는 사람이 성경책을 읽고 나중에 기독교인이 되었지요.

  이처럼 2천 년이라는 시간 동안 기독교는 배를 타고 대륙을 넘었고 또 중국에서 말을 타고 낯선 한국 땅에 전파되었어요. 그렇게 배와 말을 타고 한국에 전파된 기독교를 다시 세계로 전파하기 위해 배와 비행기 및 자동차를 타고 나가고 있으니 재미있지 않나요?

전쟁의 판도를 바꾼 교통수단

예나 지금이나 전쟁에서는 누가 빨리, 많이, 효율적으로 이동할 수 있느냐가 전쟁의 승패를 가르지요. 그 한 예가 로마 시대의 장군 스키피오와 당시 북아프리카의 강자로 로마와 대적해서 싸웠던 카르타고의 장군 한니발의 자마 전쟁이에요. 당시 로마 본토인 이탈리아 반도까지 들어와서 로마인의 간담을 서늘하게 한 한니발은 본국에서 지지를 얻지 못하고 돌아와 로마와 전쟁을 멈추고 화해하는 강화 협상을 하고 있었어요. 그런데 로마의 무리한 요구와 카르타고 강경파의 우세로 협상은 결렬되고, 결국 한니발은 지중해를 넘어 카르타고까지 진격해 온 로마의 스키피오 군대와 전투를 벌이게 되는데 이 전투가 바로 자마 전투예요.

카르타고군은 원래 돈을 받고 싸우는 용병인 누미디아(현재의 북아프리카 알제리) 지역의 기병이 강점이었는데 이들이 로마군으로 많이 넘어간 탓에 카르타고군은 부족한 기병을 보충하기 위해서 선두에 80마리의 전투 코끼리를 배치했어요. 당시 코끼리는 창이나 칼에 아랑곳하지 않고 적군을 밟아 버리고 전선을 무너뜨리는 탱크와도 같은 무서운 존재였지요. 2열에는 전력이 약한 용병을, 3열에는 카르타고 시민병을 배치하고 맨 뒤

에는 한니발의 최정예 부대를 배치했어요.

　전쟁이 시작되자 전투 코끼리는 스키피오의 로마군으로 돌진했지요. 그런데 로마군은 코끼리가 진격해 오자 좌우로 붙어 서서 피해 버렸고, 멈출 줄 모르는 코끼리는 그대로 전선을 지나가 버렸어요. 그렇게 코끼리를 이용한 한니발의 1차 공격이 효과 없이 지나가자 누미디아 기병으로 보강한 로마군의 우세한 기병은 카르타고의 약한 기병을 쉽게 무찌르고 용병과 시민군을 산산조각 내었어요. 뒤에 있던 한니발의 정예 부대가 지쳐 있다고 판단한 로마군에게 진격하자 스키피오는 지친 군사들을 좌우로 나누고 뒤에 있던 2개의 정예군을 전면에 내세웠어요. 힘들게 스키피오의 정예군과 싸우던 한니발의 정예군은 뒤로 돌아와 공격하는 로마 기병의 공격을 받아 결국 패배하고 말았지요.

　이 유명한 자마 전투의 결과로 로마군은 1500명 정도의 피해밖에 입지 않았지만, 카르타고군은 4만 명의 사상자를 내었어요. 결국 이 전투에서 대패한 한니발의 카르타고는 스키피오의 로마에 무릎을 꿇고 역사에서 사라지게 되지요.

로마 제국의 멸망을 가져온 훈족의 말

　기원전 753년 쌍둥이 형제 로물루스와 레무스가 이탈리아반도에 건설했다는 로마는 공화정 체제를 지나 카이사르가 종신 독재관으로서 절대 권력을 잡고 마침내 양아들 옥타비아누스가 아우구스투스 황제로 등극하여 제국 시대를 열어요. 서기 1세기가 되면서 로마는 북유럽과 이탈리아를 비롯한 지중해 연안국, 그리고 지금의 스페인, 포르투갈을 비롯한 프랑스, 네덜란드와 스코틀랜드를 제외한 영국까지 서유럽 대부분의 땅을 점령하면서 최고의 전성기를 맞게 되지요.

　그런데 라인강 동쪽의 깊은 숲에 살고 있는 게르만족의 땅은 점령하지 못하고 있었어요. 라인강 동쪽 숲은 나무 색깔이 검고 숲이 깊어서 검은 숲이라고 불렸어요. 이 지역에 사는 게르만족은 숲속에서 사냥으로 단련되어 매우 사납고 용맹스러워서 유럽에서 용병으로 활약할 정도로 유명했어요. 게다가 날씨도 좋지 않고 문명도 발달하지 않은 야만족의 땅이라서 정복할 가치가 없다고 생각했어요. 오죽하면 게르만족을 야만족의 대명사인 '바바리안'이라고 불렀겠어요?

　전성기를 맞은 로마의 황제들은 자신의 업적을 과시하기 위해 영토 확장이 필요했고 결국 게르만족의 땅을 공격하기로 마음먹었어요. 로마군은 게르만족을 점령하기 위해 라인강을 건넜어요. 일부 작은 전투에서 승리하자 자신을 얻은 로마군은 마침내 기원후 9년, 3개 군단을 이끌고 정벌을 나서는데 라인강 동쪽의 깊은 숲은 로마군의 강점인 기병과 중무장 보병이 전혀 힘을 쓸 수가 없었어요. 원시림 환경에 익숙하지 않은 로마군은 숲속에서 쏟아지는 게르만 복병의 투창에 속수무책으로 당했고 곳곳에 파 놓은 함정에 빠지면서 계속되는 폭우로 활도 젖어 전혀 힘을 쓰지 못하고 게르만족에게 살육당하게 되지요. 결국 전투를 지휘했던

장군을 포함하여 로마군 2만 명 정도가 사망하는 완벽한 패배를 당하게 되는데 이를 토이토부르크 숲 전투라고 불러요.

 로마군의 상징이자 가장 강력한 경쟁력인 로마 가도와 기병, 그리고 활과 창으로 무장한 중무장 보병이 길도 없고 질척한 숲속에서는 아무 쓸모가 없게 되었으니 적절한 교통수단이 얼마나 중요한지 잘 알겠지요? 이 패배 이후에도 로마는 지속적으로 공격하여 라인강 동쪽 일부를 점령하기도 하지만 더 이상 동쪽으로 확대하지는 못하고 라인강 서쪽에 요새를 세우고 게르만족이 쳐들어오는 것을 막는 데 주력했어요. 그때 세워진 요새들이 나중에 마인츠, 코블렌츠, 본, 쾰른, 뒤셀도르프 등의 도시로 성장하게 되지요.

 그런데 서기 4세기에 무시무시한 이 게르만족이 라인강을 넘어 로마 제국의 땅 서쪽으로 밀려오기 시작했어요. **게르만족의 대이동**이라고 불리는 이 사건으로 인해 게르만족은 로마 제국의 영토로 넘어오게 되고 나중에 스웨덴, 덴마크, 노르웨이, 아이슬란드, 잉글랜드, 독일, 네덜란드 등의 나라들을 형성하게 되지요. 신체 조건이 좋고 용맹스러운 게르만족은 용병으로 채용되었고 전투에서 성과를 내면서 로마 제국에는 게르만족 출신 장군도 나오게 되고 나중에는 황제의 실권도 결국 게르만족의 손에 넘어가고 말았어요. 게르만족은 5세기에 로마 제국을 공격하여 서로마

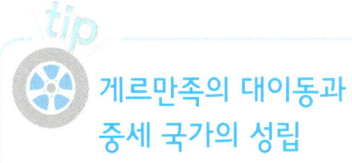

게르만족의 대이동과 중세 국가의 성립

게르만족의 대이동으로 게르만족은 전 유럽에 광범위하게 퍼져 이동하면서 정복하고 나라를 세웠다. 게르만족에는 여러 민족이 있었는데 서고트족은 스페인 지방에 서고트 왕국을, 동고트족은 이탈리아 지방에 동고트 왕국을, 그리고 반달족은 아프리카 북부 해안에 반달 왕국을 세웠다. 또한 프랑크족은 독일, 프랑스, 스위스, 오스트리아 일대에 넓은 프랑크 왕국을 세웠는데, 나중에 세 개 지역으로 나누어 서프랑크는 프랑스로, 동프랑크는 독일로, 중프랑크는 오스트리아와 스위스의 기원이 된다. 독일 북부와 덴마크 지역에 살던 앵글족과 작센족은 도버 해협을 건너 지금의 영국 땅으로 건너가 오늘날 잉글랜드(앵글족의 땅)의 기원이 된다.

제국은 망하게 되고 로마는 콘스탄티노플(지금의 터키 이스탄불)로 수도를 옮겨 동로마 제국으로 겨우 명맥을 유지하게 되지요.

그런데 이처럼 세계를 지배했던 로마군을 떨게 했던 게르만족이 라인강을 건너 서쪽으로 이동한 데는 다른 이유가 있었어요. 바로 게르만족을 위협한 훈족의 침입 때문이었어요. 중국 북방의 흉노족과 연관성이 있다고도 하는 훈족은 중앙아시아와 코카서스 지방에 거주했다고 전해지는 활을 잘 쓰는 유목민족으로 게르만족도 무서워했어요. 유목 민족인 훈족은 말을 타고 다니면서 동고트족(흑해 연안의 게르만족)의 농경지를 초토화시켰는데, 훈족의 위협 때문에 게르만족은 라인강 국경을 넘어 로마 제국으로 이동하게 되었던 것이지요. 이처럼 로마 제국을 멸망하게 한 게르만족의 대이동이 훈족의 말 때문이라니, 비약이 심한가요?

동서양을 하나로 만든 실크로드

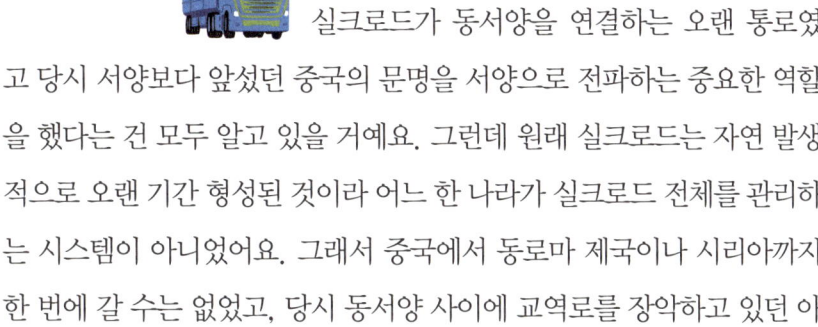실크로드가 동서양을 연결하는 오랜 통로였고 당시 서양보다 앞섰던 중국의 문명을 서양으로 전파하는 중요한 역할을 했다는 건 모두 알고 있을 거예요. 그런데 원래 실크로드는 자연 발생적으로 오랜 기간 형성된 것이라 어느 한 나라가 실크로드 전체를 관리하는 시스템이 아니었어요. 그래서 중국에서 동로마 제국이나 시리아까지 한 번에 갈 수는 없었고, 당시 동서양 사이에 교역로를 장악하고 있던 아랍과 페르시아의 이슬람 세력들에게 높은 통행세를 내야 하거나 물건을 빼앗기는 등 안전하지 못했어요.

그런데 몽골 제국이 등장하면서 상황이 바뀌었어요. 아시아 동쪽 끝에서 동유럽까지 정복해서 4대 한국(汗國)까지 건설한 몽골 제국은 역사상 가장 넓은 영토를 지배하게 되었고, 제국 곳곳에서 일어나는 소식의 보고와 중요한 물품의 이동을 위해 '참'이라는 역사를 운영하였어요. 이 역사는 보통 40킬로미터 간격으로 세워져 있고 언제나 수십 마리의 말들이 준비되어 있었어요. 이러한 역참 제도는 기존 실크로드의 한계를 극복하여 중국 장안에서 동로마 제국을 넘어 중부 유럽까지 연결되었어요. 몽골 제국에서 역참 체계를 관리하니까 이전보다 훨씬 안전해졌고 항상 말

몽골 제국과 4대 한국

몽골 초원에서 시작해서 몽골과 중국 지역을 비롯해 한반도에서 중앙아시아와 동유럽에 이르는 넓은 영토를 아우르는 몽골 제국은 칭기즈 칸이 1227년 죽은 후 서서히 아들들이 다스리는 사한국으로 나뉘어졌다. 오고타이한국, 차가타이한국, 킵차크한국과 일한국이 바로 그것이다. 각각의 한국은 정치, 경제적 독립성을 유지하지만 형제 국가이므로 활발한 교역과 지원을 했으며 16세기까지 존속했다. 칭기즈 칸의 '칸'이나 한국의 '한(汗)'은 '왕' 혹은 '황제'라는 뜻인데 실제 튀르크와 몽골 문화권에서 발음이 한국과 칸국이 같이 쓰이기도 한다. 몽골 건국 신화도 한반도와 깊은 관계가 있다고 하는데, 우리나라의 이름 한국과 '칸'이 얼마나 밀접한 관계가 있나 상상해 보는 것도 흥미롭다.

이 참마다 준비되어 있으므로 동서양의 교류는 보다 안전하고 빠르게 가능해졌지요.

역참 체계에는 주로 말을 이용하였지만 상황에 따라 낙타, 소, 당나귀나 개 등도 이용했다고 해요. 또한 급체포라는 특수 역참도 있었는데 10리(약 4킬로미터)나 20리마다 설치되었어요. 급한 공문서를 가지고 전속력을 다해 포졸이 달려오면 허리춤에 달린 방울 소리를 듣고 다음 포졸이 안장에 앉아 준비하고 있다가 바로 다음 역사로 전속력으로 달려가는 시스템이에요. 평소에는 30일 정도 걸리던 일반 역참제에 비해 전쟁 발생과 같은 긴급한 소식은 이 급체포를 이용하면 며칠 만에 황제에게 전달되었다고 해요.

몽골의 비단길은 육로뿐만 아니라 바닷길로도 연결되었는데 이로 인해 조선술과 항해술이 더욱 발전하였고, 이러한 육상과 해상의 교통시스템

을 통하여 몽골의 사한국은 물론 주변의 나라들, 그러니까 동양과 서양을 아우르는 세계가 더욱 빠르게 교역하고 문물을 교환할 수 있게 되었지요. 이렇게 발달된 교통 시스템을 통하여 유럽 사람들은 아랍을 통하지 않고 중국의 발명품인 제지술과 인쇄술, 나침판, 화약을 직접 받아들일 수 있게 되었고, 특히 화약을 이용한 공성기와 같은 무기를 만들어 봉건 영주의 성과 해자(성 주변에 외부의 침입을 막기 위해 파 놓은 구덩이)를 무너뜨리고 통일 국가를 만들기까지 했어요. 말을 타고 전파된 화약이 중세 시대의 막을 내리는 데 큰 역할을 했다니 재미있지요?

몽골 제국의 발달이 인류에 미친 영향

몽골 고원 지역의 여러 부족을 통일한 테무친은 1206년 몽골 제국을 세우고 칭기즈 칸으로 즉위해요. 칭기즈 칸은 대대적인 정복 전쟁을 통해 중국의 황하 이북을 점령하고 지금의 중앙아시아 지역을 공격하지만 정복하지 못하고 1227년 죽음을 맞이하게 돼요. 칭기즈 칸이 죽은 후 셋째 아들 오고타이 대칸 시대에는 키예프(지금의 러시아)까지 아우르는 킵차크한국을 건설하고, 쿠빌라이 칸 시대에는 중국 대륙 전체를 정복하여 수도를 대도(지금의 베이징)로 정하고 원나라를 세웠어요.

몽골 제국은 1388년 명나라에 의해 망했지만 인류 역사상 최대의 제국이었어요. 칭기즈 칸의 후손들이 건설한 사한국은 아시아와 유럽 대륙을 걸쳐 분포되어 있어서 이전까지 커다란 교류 없이 별개로 움직였던 아시아와 유럽이 서로 긴밀해졌어요.

　기마 민족인 몽골족은 말을 타고 적군이 상상할 수 없을 정도로 빨리 이동하면서 드넓은 제국을 건설하였고 인류 역사에 많은 영향을 미쳤어요. 첫 번째는 민족의 이동이에요. 몽골 제국은 정복지의 유능한 인재와 장인을 몽골 땅으로 데려왔어요. 중앙아시아 사람들을 중국 남부 지방의 개발에 동원하면서 대대적인 민족의 이동이 인위적으로 일어났어요. 또한 몽골군의 침입을 피해 주변 국가로 이동하기도 했는데, 예를 들면 아프가니스탄 지역 사람들이 북인도로 이주하면서 이슬람이 전파되는 계기가 되기도 했지요.

　둘째로 역참제도가 발달하면서 교역과 교류가 활발해졌어요. 역참제도를 기반으로 한 교통로를 이용하여 상인들이 대규모 무역을 할 수 있었고, 이탈리아 상인들을 통해 지중해를 넘어 유럽까지 아시아와 몽골의 상품들이 거래될 수 있었어요. 중국의 청화백자가 처음으로 서양에 소개되었고 이슬람의 카펫도 아시아에 소개되었어요.

　셋째로 동서양의 문화, 학문 및 과학기술의 교류가 확대됐어요. 예를 들면 이슬람의 천문학자들은 원나라에 거주하면서 이슬람의 우수한 천문학을 전파하여 중국 천문관측의 기초를 마련했어요. 한편 이란으로 이주한 중국인들이 기장과 같은 품종을 전파하였고, 중국의 침술과 진맥이 이란 지역에서도 인기가 높았다고 해요.

교통수단에는 어떤 것이 있을까?

교통수단에는 어떤 것들이 있고 어떻게 분류할 수 있을까요? 기준에 따라 여러 가지로 교통수단을 분류할 수 있지만, 먼저 공간적인 범위에 따라 나눌 수 있어요. 옛날에는 가까운 거리에는 사람이나 소, 먼 거리에는 말 정도로 분류되고, 바다를 건너 섬이나 다른 나라로 가는 배 정도로 분류가 될 수 있었어요. 요즘에는 출퇴근이나 도시생활권을 담당하는 자동차, 버스, 지하철, 택시와 같은 도시 교통수단과 전국 규모의 교통 수요를 담당하는 기차나 고속버스와 같은 지역 간 교통수단이 있고 나라 간이나 대륙 간의 이동을 담당하는 비행기나

배와 같은 국가 간 교통수단으로 나눌 수 있어요.

도시 교통수단은 단거리 통행 위주로, 출퇴근이나 등하교 시간에 복잡하고 나머지 시간에는 한산하기 때문에 시간 단위로 피크 수요를 잘 관리하는 것이 중요하고 대부분의 경우 특별히 예약을 할 필요는 없어요. 지역 간 교통수단은 중장거리를 통행하면서 출장이나 레저 등 특정한 목적에 따라 필요한 교통수단으로, 주말이나 공휴일 등 특정한 기간에 사용자가 몰리는 특징이 있어서 피크 기간의 수요에 효율적으로 대응하는 것이 중요하고, 많은 경우 사전에 예약을 하고 이용하고 있어요.

국가 간 교통수단은 국경을 넘어 사람이나 물자가 이동하는 것이므로 이동의 편리성과 효율성 이외에 국가 간의 협정 및 국제

정세에 영향을 받아요. 예를 들면 비자가 체결되지 않은 나라 국민이라면 아무리 돈을 내도 그 나라에 가는 비행기를 탈 수 없지요.

교통수단은 사람이 이동할 때 사용하느냐 물건을 운반할 때 사용하느냐에 따라 나눌 수도 있어요. 사람이 이동할 때에는 승용차나 버스를 가장 많이 이용해요. 물건을 운반할 때는 트럭을 가장 많이 사용하는데, 그 이유는 원하는 목적지까지 바로 물건을 이동할 수 있기 때문이지요. 기차나 배, 비행기는 한 번에 많은 물건을 멀리 보낼 수 있지만 중간 중간에 물건을 실었다 내렸다 하는 수고를 해야 하는 경우에는 조금 멀더라도 트럭을 이용하는 것이 훨씬 편하거든요. 그래서 미국이나 유럽 대륙에서는 지금도 많은 물건들이 트럭에 실려 대륙을 횡단하고 있답니다. 결국 편리성과 가격 그리고 속도에 따라서 어떤 교통수단을 이용할지 정해져요.

개인이 자기만의 목적을 위해 사용하느냐 여러 사람을 위해서 사용하느냐에 따라 교통수단을 분류하기도 해요. 예를 들면 자전거나 킥보드, 스쿠터 같은 개인형 이동장치와 자가용과 같은 교통수단은 이용자 본인을 위한 개인 교통수단이에요. 버스나 지하철, 택시, 기차, 여객선, 비행기 같은 경우는 대부분 많은 사람들이 동시에 이용하는 대중교통수단이고요. 개인 교통수단은 정해진 노선이 없이 본인이나 가족이 원하는 곳에 갈 수 있고, 유류비나 통행료 외에 사용에 따른 별도의 비용을 누구에게 지불하는 경우는 거의 없지요. 반면, 대중교통수단은 정해진 노선, 시간, 요금에 맞춰서 이용해야 해요. 택시는 대중교통수단이라 약속된 비용을 지불해야 하지만 손님이 원하는 장소에 원하는 시간에 갈 수 있다는 점에서 준대중교통이라고 별도로 분류하기도 해요.

교통수단의 발달로 달라진 우리 생활

교통수단의 발달로 우리들의 생활 환경과 살아가는 모습은 정말 많이 변했어요. 예를 들면 불과 50년 전 할아버지 때에는 학교에 가기 위해 산을 넘고 강을 건너서 걸어 다녔다고 해요. 10킬로미터가 넘는 거리를 걸어서 가다 보니 등하교 시간이 몇 시간씩 걸리기도 하고 비가 와서 배가 끊기거나 하면 학교를 못 가는 날도 있었다고 해요. 아직도 아프리카나 인도 같은 나라에는 이렇게 학교를 다니는 친구들이 있다고 해요. 요즘은 학교가 가까워서 걸어갈 거리가 아니라면 버스나 지하철 등 대중교통을 타고 가지요. 폭설이나 심한 장마가 아니면 비가 와서 학교 못 갈 걱정은 하지 않아도 되고요. 그래서 이제는 시골에 있는 학생이나 도시에 있는 학생이나 배울 수 있는 여건이나 기회는 이전에 비하면 훨씬 차이가 줄어들었어요.

교통수단의 발달이 우리 생활에 미치는 변화는 지금도 일어나고 있어요. 강원도는 산이 많아 경작할 땅도 적고 겨울에 눈이 많이 오면 교통이 통제되기도 하는 지역이라 옛날부터 산간벽지 '시골'의 대명사인 지역이었지요. 그런데 교통이 발달하면서 강원도는 이제 사계절 관광의 명소로 바뀌었답니다. 고속도로와 고속전철이 뚫리면서 서울에서 2시간이면 동해안에서 회를 먹을 수가 있게 되었지요. 겨울에는 설악산에서 스키나 스노보드를 타기도 하고 온천을 하면서 바로 앞에서 바다 구경을 하고 여름에는 골프도 치고 바다에서 수영을 하거나 계곡에서 래프팅 등 물놀이를 즐길 수 있는 아주 매력적인 관광지로 거듭났어요. 그래서 동남아시아나 중국 등 해외 관광객들이 강원도에 와서 난생처음 눈을 보고 놀라고 또 바로 앞에 펼쳐진 바다를 보고 놀란다고 해요. 동해안에 멋진 카페 거리가 그렇게 많이 생긴 것도 강원도가 반나절 생활권이 된 때문이지요.

고속전철이 생기면서 우리의 생활에 많은 변화가 생겼어요. 전에는 서

울에서 부산이나 광주를 갈 때 오전에 출발해 오후에 도착해 일을 본 다음 하룻밤 자고 다음 날 올라오는 1박 2일 일정이었다면 이제는 교통의 발달로 오전에 내려가 일을 보고 저녁은 집에 돌아와 먹을 수 있어요. 서울과 지방을 오가는 사람은 하루 만에 일정을 보고 돌아올 수 있게 되어 좋지만, 식당이나 숙박업소는 그만큼 손님이 줄어드는 효과가 발생하게 되었지요. 또한 고속전철이 생기면서 지방에 사는 사람들이 서울 백화점에서 쇼핑을 하거나 서울의 대학병원에서 진찰을 받기 위해 올라오면서 지방의 상권이 많은 영향을 받았다는 이야기도 있어요.

앞으로 교통수단이 더 발달되어 무인 드론 택시가 서울 하늘에 날아다니고 한국에서 미국까지 반나절 만에 다녀올 수 있는 시대가 오면 어떤 변화가 있을까요? 무인차와 비행기가 함께 다니면 도로가 어떻게 변할까요? 자율주행이 발달하고 전기 자동차가 많이 다니게 되면 그 많은 주유소는 어떻게 될까요? 이처럼 교통의 발달은 비단 이동 시간의 단축과 편리함을 가져다줄 뿐만 아니라 우리의 삶을 송두리째 바꿔 놓을 거예요. 상상만 해도 재미있지 않나요?

Chapter 2
과거의 교통수단

이카로스의 꿈과 바퀴의 발명

그리스 로마 신화에 이카로스라는 사람이 나와요. 이카로스의 아버지 다이달로스가 죄를 저질러 미노스 왕이 크레타 섬에 가둬 버렸지요. 재주가 많은 다이달로스는 섬을 탈출하기 위해 아무도 상상하지 못한 방법을 생각해 냈어요. 바로 큰 새의 깃털을 모아서 밀랍으로 붙여 날개를 만든 거예요. 마침내 다이달로스와 이카로스는 날개를 달고 하늘을 날아 크레타 섬을 탈출했어요. 거짓말같이 하늘을 날게 되자 이카로스는 너무 높이 날면 태양에 밀랍이 녹고, 너무 낮게 날면 바닷물에 날개가 젖으니 태양과 바다의 중간을 날아야 한다는 아버지의 말을 깜빡하고 태양을 향해 높이 날갯짓을 했지요. 결국 인류 최초로 하늘을 날았던 이카로스는 무사히 바다를 건너지 못하고 빠져 버리고 말았어요.

이카로스의 꿈이 실현될 때까지는 수천 년의 시간이 필요했어요. 마침내 1903년 라이트 형제가 처음으로 비행기를 만들어 하늘을 날고 싶은 오랜 인류의 꿈을 실현하였고, 그 덕분에 우리는 반나절이면 지구 반대편으로 날아갈 수 있게 되었어요. 이처럼 인류는 오래전부터 더 멀리, 더 빨리, 더 많은 사람과 짐을 한꺼번에 나르고 싶은 욕망이 있었고, 이 꿈을 실현하기 위해 노력해 왔어요. 바퀴가 발명되기 전까지는 지게나 가마로 사람이나 짐을 날랐어요. 한 번에 나를 수 있는 양이나 무게는 사람이나 짐승의 힘에 의지하였고 운반하는 속도도 사람이 걷는 속도 정도밖에 되지 않았지요.

불, 화폐와 함께 인류의 3대 발명품인 바퀴는 인류의 교통수단에 엄청난 변화를 가져왔어요. 바퀴를 이용하면서 훨씬 많은 사람과 물건을 실어 나를 수 있게 되었고, 처음에는 사람이 끌다가 소나 말이 끌면서 몇 배나 더 많은 물건을 더 빨리 나를 수 있게 되었어요. 빨리 이동할 수 있게 되자 우리의 삶에 큰 변화가 나타났어요. 예를 들면 식량과 필요한 물품을 각자 만들거나 성이나 마을 안의 사람들끼리 소규모로 거래하던 봉건 시대에서 벗어나 더 멀리 더 넓은 지역의 사람들과 교류할 수 있게 되면서 전문적으로 물건을 생산하는 사람이 생기게 되었고, 이런 물건들을 거래하는 상인과 물건을 운반, 보관하는

봉건 시대의 거래 방법

봉건제는 왕이나 황제가 나라를 다스리고 지방은 각각의 영주가 다스리는 제도를 말한다. 옛날에는 땅은 넓은데 교통수단이 발달하지 않아 수도에 있는 왕이 지방까지 영향력을 미치기 어려웠기 때문에 지방에 막강한 영향력을 가지고 있는 영주와 계약을 했다. 영주가 다스리는 땅은 마음대로 다스리도록 간섭하지 않되 왕에게는 일정 세금을 바쳐 충성을 맹세하는 계약이었다.

교통이 발달하지 않았던 당시에는 평생 자기가 태어난 영지를 벗어나지 않고 죽는 사람도 많았고, 영지 또는 성 안에서 거의 모든 것을 자급자족했다. 각각의 마을에는 중요한 역할을 하는 장인이나 가게들이 있었고 세습되는 구조였는데, 빵집 아들은 자연히 빵집 주인이 되고, 대장간 아들은 자연스럽게 대장장이가 되는 식이었다. 베이커(Baker, 빵 굽는 사람), 스미스(Smith, 대장장이)처럼 서양의 많은 성이 직업에서 유래되었다.

운송업과 보관업이 생겨났어요. 또 많은 사람들이 이동하게 되면서 운송업과 숙박업도 크게 발전하는 등 인류의 삶은 완전히 바뀌었지요.

18세기 증기기관과 19세기 내연기관이 발명되어 소나 말을 대체하면서 인류는 이제껏 경험해 보지 못한 이동과 속도를 경험하게 돼요. 증기기관과 내연기관 엔진이나 배터리 등이 새로운 동력기관으

로 발전 및 대체되면서 더 많이, 더 빨리 이동할 수 있게 되었지만 땅에서 다니는 이상 모두 바퀴를 이용하고 있지요. 이처럼 바퀴의 발명이 육상에서 우리의 삶에 엄청난 영향을 미쳤다면 바다와 하늘에도 우리의 삶을 변화시킨 교통수단들이 있는데, 그런 교통수단에 대해 차근차근 살펴보기로 해요.

> **tip**
>
>  **내연기관과 외연기관**
>
> 증기기관은 물을 끓여서 증기를 만들고 이 증기의 힘으로 기계를 작동시키는 반면, 자동차 등의 엔진은 엔진 내부에서 연료가 폭발하는 힘을 피스톤을 통해 직접 전달해서 자동차를 움직인다. 엔진을 움직이는 연소 작용이 엔진 내부에서 일어나므로 내연기관이라고 부르는 반면, 증기기관은 증기를 만들어 내는 연소 반응이 기관 바깥에서 일어나서 내연기관과 구분하여 외연기관이라고 한다.

로마 시대부터 '차는 차도로, 사람은 인도로'

학교에 갈 때 우리는 걸어서 가거나 버스나 자가용 또는 지하철 등의 교통수단을 이용해요. 걸어서 간다면 인도를 따라서 가고 버스나 자가용을 탄다면 자동차는 차도를 따라가지요. 사람이 차도로 걸어간다거나 자동차가 인도에 올라와서 다닌다면 무척 위험하겠지요? 이처럼 오늘날의 도로는 '차는 차도로, 사람은 인도로' 다니도록 구분되어 있고 그 약속을 지키기 때문에 안전하게 이동할 수 있지요.

그런데 이런 인도와 차도의 구분은 2천 년 전 로마 시대 때부터 있었어요. 로마는 정복지와 로마와의 군대 및 물자의 신속한 운반을 위하여 각 도시와 로마를 잇는 도로를 건설하였는데, 이것을 로마 가도라고 해요. 또한 새로운 도로의 개통은 전쟁의 승리 못지않은 큰 소식이었으므로 로마의 황제나 귀족들은 대중의 인기를 위해 앞다투어 사재를 털어 가도를 건설하였어요. 그래서 아피아 가도, 플라미니아 가도와 같이 로마

가도 중 많은 것들에는 당시 집정관이나 귀족의 이름이 붙여져 있어요.

　로마 가도는 로마군의 주력인 전차가 사람들에게 방해받지 않고 최대한 빨리 달릴 수 있도록 차도와 인도를 분리하였어요. 가운데 차도를 만들고 인도는 차도의 바깥에 턱을 높여 만들어 마차가 인도를 침범하지 않도록 구분해 놓았어요. 차도의 폭은 얼마 정도 되었을까요? 로마의 전차는 보통 두 마리의 말이 끄는 이두마차였어요. 말 두 마리가 편안하게 달릴 수 있는 너비가 1.435미터여서 이두마차 바퀴의 간격이 바로 1.435미터였어요. 이두마차가 안전하게 다닐 수 있도록 도로 폭은 직선 구간에서 2.45미터로, 굽은 구간에서는 4.9미터로 설계하였어요. 이처럼 지금의 차도와 인도, 그리고 상행선, 하행선으로 분리되어 있는 도로 체계가 모두 2천 년 전 로마 가도에서 유래한 거예요. 또한 증기기관차에서부터 오늘날 대부분의 기차 바퀴의 폭이 바로 1.435미터로 로마 시대 말 엉덩이에서 유래되었다는 사실이 놀랍고 재미있지 않나요?

　도로를 만들 때에는 1미터 이상 단단한 지반이 나올 때까지 파서 자갈과 작은 잡석을 번갈아 깔아 물이 잘 빠지도록 하고 맨 위에는 마차가 빠르게 달릴 수 있도록 넓은 석판을 정교하게 붙여서 깔았어요. 게다가 물이 잘 빠져나가도록 도로의 가운데를 바깥쪽보다 높게 하고 바깥쪽에는 작은 도랑을 파서 물이 빠지도록 배수구까지 군데군데 설치하였어요. 또한 중간에 횡단보도까지 있었답니다. 횡단보도는 보도와 같은 높이로 차도를 가로질러 징검다리처럼 돌을 마차의 폭에 맞추어 놓아 마차가 돌 사이로 지나갈 수 있도록 설계하였지요.

　도시와 도시를 최대한 빨리 연결하기 위해 로마 가도는 가능한 한 직선으로 건설하였고, 지대가 낮은 지역에는 말뚝을 박아 기초를 보강하기도 하고 산이 나오면 터널을 뚫기도 했으며 강이 나오면 다리를 만들기도 했어요. 로마 시대의 터널 중에 플라미니아 가도의 푸를로에 있

모든 길은 로마로 통한다

로마 가도의 이정표에는 가까운 근처 도시와 중요한 기점과 거기까지의 거리가 표시되어 있었다. 그런데 모든 이정표에는 로마까지의 거리가 표시되어 있었다. 그래서 이때부터 '모든 길은 로마로 통한다.'라는 말이 생겼다고 한다.

는 터널이 있어요. 단단한 바위를 파서 터널을 만들었는데 길이 40미터, 폭과 높이 각각 5미터이고 곡선으로 정교하게 팠어요. 드릴도 없고 굴착기도 없던 시대에 손으로만 이런 터널을 팠다는 사실이 놀라울 따름이지요. 또한 일정한 간격마다 이정표를 설치하여 길을 찾는 데 어려움이 없게 하였고, 이정표마다 로마까지의 거리가 표시되어 '모든 길은 로마로 통한다.'라는 유명한 말이 바로 이때부터 생겼답니다. 도로가 만나는 곳이나 많은 사람들이 오가는 곳에는 자연스럽게 마구간, 숙박업소, 식당 등이 생겨 마을이 되고 오늘날의 도시로 발달하게 되었지요.

인류의 오랜 교통수단, 마차

 로마의 전차인 이두마차와 같은 전차는 적진을 헤집고 다니는 탱크 같은 역할도 했지만 많은 경우 수비적인 역할로 쓰였어요. 적과 마주한 전선의 맨 앞에 커다란 짐이나 뾰족한 나무를 가득 싣고

우리 편이나 성을 보호하는 바리케이드 역할을 했던 거예요. 오늘날 대모나 시위대를 막기 위해 버스나 컨테이너를 사용하는 것과 똑같아요. 이렇게 전쟁에서도 마차는 많이 쓰였지만 기차가 나오기 전까지 본격적인 교통수단으로 오랫동안 사용되었고 마차에서 유래된 용어가 오늘날까지 많이 사용되고 있어요.

  마차의 종류는 마차를 끄는 말의 숫자에 따라 나뉘는데 한 마리이면 마차, 두 마리이면 쌍두마차라고 불러요. 동양에서는 황제의 마차인 경우 최대 네 마리, 서양에서는 최대 여섯 마리까지 끌었어요. 여덟 마리 이상의 말은 거의 사용하지 않았는데 말이 너무 많으면 조종하기도 어렵고,

말의 행렬이 너무 길어 회전을 하거나 이동할 때 오히려 단점이 많기 때문이지요. 게다가 한꺼번에 여덟 마리의 말을 쉬고 먹게 할 여인숙을 찾는 것도 쉽지 않았겠지요.

마차는 또한 바퀴의 숫자에 따라 이륜마차와 사륜마차로 나뉘어요. 이륜마차는 크기가 작아 보통 1~3명이 타고 한 마리의 말이 끄는데 카트(Cart)라고 불렀어요. 짐을 운반할 때 사용하는 바퀴 달린 손수레를 카트라고 부르는데, 바로 여기에서 유래된 거예요. 또한 말 한 마리가 끄는 마차 중에 덮개 있는 이륜마차는 카브리올레(Cabriolet)라고 불렀어요. 비가 올 때를 대비해 접었다 폈다 할 수 있는 덮개가 있는 카브리올레는 18세기 프랑스에서 처음 사용되었는데 이전까지의 마차가 귀족이나 부자들의 전유물이었다면 카브리올레는 손님이 임대하면 마차 주인이 원하는 데까지 태워 주는 대중교통으로 사용되었대요. 오늘날 택시를 캡(Cab)이라 부르는데 그 어원이 카브리올레라는 게 재미있지요? 요즘도 뚜껑을 열었다 닫을 수 있는 자동차를 카브리올레라고 하는데 여기에서 유래했다고 해요.

사륜마차에는 여러 가지 종류가 있어요. 무거운 짐을 싣는 가장 일반적인 사륜마차는 왜건(Wagon)이라고 불렀어요. 마차 중에 가장 일반적인 형태인 코치(Coach)는 일반적으로 사각형 객실에 지붕과 창문, 그리고 양쪽에 문이 있고 안에는 2명씩 서로 앞뒤로 마주 보고 앉아서 4~6명이 탈 수 있는 걸 말해요. 보통 마부는 마차의 앞에 앉아서 채찍질을 했고 스프링을 밑에 달아서 쾌적함을 더했는데, 귀족이나 부자들은 교통수단보다는 자기의 부를 과시하는 수단으로도 사용했다고 해요. 왕이나 귀족의 파티에 초대받아 한껏 멋을 부린 마차를 타고 앞에서 길을 비켜 주는 사람들을 보면서 콧대를 높였을 귀족들을 상상해 봐요. 코치와 같은 형태인데 승객 2명이 앞을 보도록 설계된 작은 마차는 쿠페(Coupé)라고 불렀는데 지금도 2명만 타도록 문이 2개로 설계된 자동차는 쿠페라고 불러요.

마차가 더욱 보편화되면서 많은 사람들이 한꺼번에 먼 거리를 이동하는 장거리용 마차들이 생겨났어요. 많은 사람들이 탈 수 있도록 차체도 가볍게 하고 바닥에 스프링도 달아 승차감이 좋게 했는데 이런 마차를 캐리지(Carriage)라고 했어요. 오늘날 여객선이나 정기 항로 비행기를 캐리지라고 부르는 이유이지요. 19세기에 프랑스의 한 목욕탕 주인은 손님들을 자신의 목욕탕으로 모시기 위해 자신의 마차를 개조해서 정해진 구간을 계속 운행했

어요. 이전의 귀족들만 타는 마차가 아니라 목욕탕에 오는 손님은 누구나 탈 수 있는 마차라고 해서 옴니버스(Omnibus)라고 불렀는데, 이 말은 라틴어로 '모두를 위한'이란 뜻이에요. 요즘은 줄여서 버스라고 많이 부르지만 지금도 쿠바에 가면 시내버스를 옴니버스라고 부른다고 해요. 기차와 자동차가 나타나면서 마차는 거의 사라졌지만 아직도 마차에서 유래된 말들이 교통수단의 이곳저곳에 쓰이고 있답니다.

마차를 끄는 말은 살아 있는 생물이라 먹고 마시는 건 물론, 배설도 해야 해서 말 엉덩이 밑에 기저귀처럼 똥주머니를 달고 다녔답니다. 그럼에도 불구하고 오줌은 모두 길바닥에 싸고 다녔고 똥도 길거리에 이리저리 흩어져 마차가 다니는 길은 거의 똥밭이고 냄새가 진동했어요. 화려한 코치를 타고 다니는 귀족도 이 냄새는 어쩔 수 없었다는 걸 생각해 보면 부러운 생각이 좀 줄어들까요?

레드카펫과 하이힐은 왜 생겼을까?

중세 시대의 길거리는 똥과 오줌이 넘쳐나고 오물 냄새가 진동했다. 마차가 달리면서 말이 똥과 오줌을 길거리에 뿌려 댔고, 당시에는 하수도와 화장실 개념이 없어서 사람들도 길거리에 온갖 오물을 그냥 버렸다. 마차에서 내린 귀부인은 이렇게 오물로 가득 찬 땅을 밟지 않기 위해 카펫을 깔았는데 주로 빨간색이었다고 한다. 하이힐은 오물이 최대한 묻지 않도록 발명된 신발이다. 또한 건물에서 길거리로 쏟아 붓는 오물을 피하기 위해 귀부인들은 양산을 쓰고 다녔다.

대항해 시대의 주인공, 범선

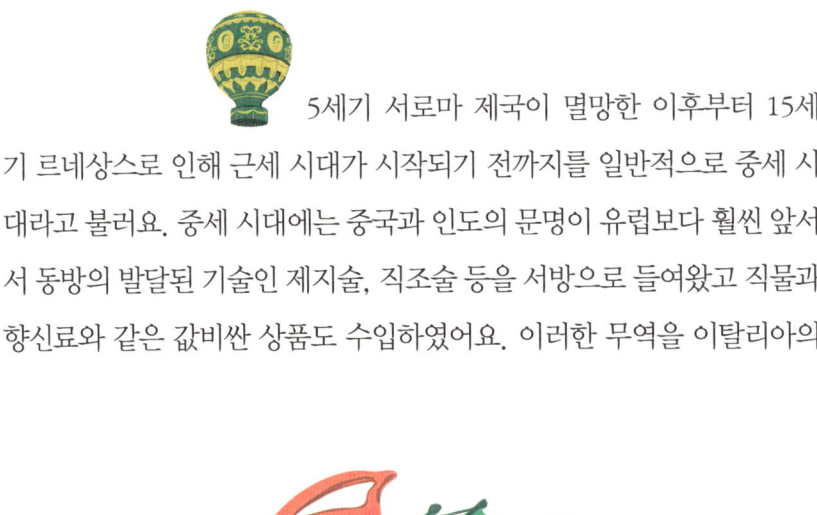

5세기 서로마 제국이 멸망한 이후부터 15세기 르네상스로 인해 근세 시대가 시작되기 전까지를 일반적으로 중세 시대라고 불러요. 중세 시대에는 중국과 인도의 문명이 유럽보다 훨씬 앞서서 동방의 발달된 기술인 제지술, 직조술 등을 서방으로 들여왔고 직물과 향신료와 같은 값비싼 상품도 수입하였어요. 이러한 무역을 이탈리아의

제노바나 베네치아와 같은 도시 국가들이 장악하고 있었는데 14세기 말 오스만 제국(지금의 터키)이 팽창하면서 지중해 지역을 통한 교역이 심각한 방해를 받게 되었어요.

지중해 무역이 어려워지자 새로운 무역로를 가장 처음 개척한 나라는 포르투갈이었어요. 아프리카 서부 해안을 탐험

이사벨라 여왕과 콜럼버스

이탈리아 제노바 출신의 콜럼버스는 포르투갈 왕에게 먼저 찾아가 항해 지원을 요청했지만 아프리카 연안 탐사에 관심 있었기 때문에 거절당했다. 그래서 스페인의 이사벨라 1세 여왕을 찾아갔는데, 당시 아라곤 왕 페르난도 2세와 스페인의 일부인 카스티야를 공동 통치하고 있었던 이사벨라 1세는 국가의 통일과 번영을 위해 모험을 승낙했다. 콜럼버스가 제시한 조건은 기사와 제독 작위, 발견한 땅의 총독 지위, 얻은 총 수익의 10분의 1 등 세 가지였는데, 이사벨라 1세는 주위의 반대를 무릅쓰고 승낙했다. 실현 가능성이 높지 않지만 성공할 경우 큰 소득을 기대하는 오늘날의 벤처 캐피털(Venture Capital, 모험 자본)의 효시라고 볼 수 있다.

하던 엔히크 왕자의 포르투갈은 마침내 15세기 말 바르톨로메우 디아스가 아프리카 남단 희망봉을 발견하고 뒤를 이어 바스쿠 다가마가 희망봉을 지나 인도에 도착해 향신료를 가득 싣고 돌아왔어요.

그 결과 지중해를 장악하고 있던 이탈리아의 도시 국가들은 급격히 힘을 잃고 유럽의 나라들은 바다로 눈을 돌리기 시작했어요. 그중에 이탈리아의 콜럼버스는 대서양을 건너가면 인도에 도착해서 많은 물자를 가져올 수 있다고 스페인 이사벨라 1세 여왕에게 제안하였고, 국력 향상과 포르투갈과의 경쟁에서 이기길 원했던 이사벨라 여왕은 지원을 승인하였어요. 1492년 콜럼버스는 마침내 지금의 쿠바 근처에 도착했는데, 죽을 때까지 이곳이 인도인 줄 알았다고 해요. 콜럼버스는 많은 금을 이사벨라 여왕에게 가져왔고 이 소식으로 유럽에서는 대서양을 건너 신대륙을 발견하는 경쟁이 일어났어요.

이처럼 역사의 주요 무대가 지중해에서 대서양으로 바뀌면서 새로운 배와 항해술이 발달하게 되었어요. 바람만을 이용하는 범선과 바람과 사람의 힘을 동시에 이용하는 갤리선은 로마 시대 이전부터 있었는데, 지중해를 주름잡던 선박은 갤리선이었어요. 선체가 좁고 낮으며 길게 설계된 갤리선은 범선처럼 돛도 있었지만 많은 노를 설치해서 역풍이 불거나 바람이 수시로 바뀌는 해안에서는 돛을 내리고 노로 신속하게 이동할 수 있어서 지중해와 북해의 바이킹까지 상선과 전투함으로 갤리선을 많이 사용하였어요.

그런데 대서양과 아프리카 남단을 건너 인도로 가기 위해서는 범선이 더 유리했어요. 수천 킬로미터의 거리를 몇 개월씩 항해하는 장거리를 계속 노를 저어 갈 수도 없고, 노 젓는 일꾼은 식량과 공간이 필요하므로 바람의 힘을 이용하는 범선이 훨씬 유리해 대항해 시대의 주인공이 되었어요. 배는 점점 더 커지고 돛의 모양도 사각 돛에서 역풍에도 지그재그로 항해가 가능한 삼각돛으로 발전하였어요. 특히 포르투갈의 엔히크 왕자는 항해연구소를 설치하는 등 항해술 발전에 많은 지원을 하여, 사각 돛과 삼각돛을 함께 사용하여 순풍에서 높은 속도를 내고 역풍에서도 이동할 수 있는 캐럭(Carrack)이라는 범선도 개발되었어요. 콜럼버스가 처음 대서양을 건넌 산타마리아호도 바로 이 캐럭이었지요. 또한 대항해를 가능하게 한 데는 나침반의 발명과 해도의 발달도 빼놓을 수 없어요.

스페인이 신대륙을 발견하고 해상 무역의 강자로 떠

오르자 그 당시까지 2류였던 영국은 샘이 나기 시작했어요. 드레이크라는 영국의 해적이 스페인의 화물선을 노략질했고 영국의 엘리자베스 1세는 해적질을 모른 척했을 뿐만 아니라 드레이크에게 기사 작위까지 주었어요. 드레이크의 노략질에 화가 난 스페인은 결국 영국을 공격하기로 마음먹고 영국 근처 칼레에서 영국군과 전투를 벌이는데, 이 전투가 세계 3대 해전 중의 하나인 칼레 해전(1588년)이에요.

당시의 범선은 기동성과 안정성을 높이기 위해 배의 앞머리, 즉 선수와 배의 꼬리인 선미를 낮추고 길이를 늘인 갤리언선이 많이 쓰였는데 영국은 이 갤리언선을 더 개조하여 대포도 2층으로 실을 수 있게 했고, 대포를 청동에서 주철로 개량하여 사정거리도 넓혔어요. 직접 맞붙어서 싸우는 백

병전에 능했던 스페인은 초승달 대형을 이뤄 영국군을 포위하였고, 영국군은 사정거리가 긴 대포를 이용하기 위해 거리를 유지하면서 탐색전을 벌였어요. 칼레에 정박한 스페인 선단에 영국군은 화공선을 보냈고 보급이 끊어지면서 사기가 떨어진 스페인군은 전열이 무너지면서 흩어져 나오다 대열을 갖추고 기다리고 있던 영국군에게 철저하게 궤멸당하게 되었어요. 이 전쟁으로 스페인의 무적함대 아르마다는 역사 속으로 사라지고 새로운 대항해 시대의 주인공 영국 함대가 등장해 '해가 지지 않는 대영제국'을 건설하기 시작했어요.

갤리언선과 범선 등의 발전으로 신대륙에서 들어온 기술과 물자들은 상인과 금융업자라는 새로운 세력을 등장시켰고 결국 이들은 중세 시대의 봉건 영주와의 경쟁에서 이기고 중세 시대에서 근세 시대를 여는 계기가 되었어요. 하지만 이처럼 대양을 주름잡던 범선도 산업혁명으로 증기선이 발명되면서 경쟁력을 잃어 가다가 결정적으로 1869년 아시아와 유럽을 연결하는 최단 항로 수에즈 운하가 개통되면서 역사 속으로 사라지게 돼요. 수에즈 운하가 개통되면서 아프리카를 돌아 먼 길을 갈 필요도 없어졌

배의 속도 노트의 유래

자동차나 비행기의 속도를 말할 때는 km/s와 같은 속도의 단위를 사용하는데, 선박의 속도를 말할 때는 노트(knot)라는 단위를 사용한다. 이 단위는 대항해 시대 당시에 처음으로 배의 속도를 측정하기 위해 배 뒤쪽으로 삼각형 모양의 나무 조각에 끈을 매달아 흘려보내는 방법에서 유래했다. 끈에 28피트(8.53미터)마다 매듭(knot)을 묶어 모래시계를 뒤집어 끝나는 시간(약 28초) 동안 풀려 나간 매듭의 숫자로 속도를 측정했던 데서 유래한 것이다. 1노트면 1시간에 1해리(1852미터)를 가는 속도이므로, 10노트라면 10해리, 즉 시간당 18.5킬로미터에 해당한다.

범선의 발전

범선은 돛을 이용해 바람의 힘으로 항해하는 배를 통틀어 일컫는 말인데, 엄밀하게는 돛의 힘으로만 항해하는 배로 한정하여 구분하기도 한다.

- 갤리선(galley船) : 고대에서부터 중세까지 지중해를 중심으로 가장 많이 사용된 배로 바람의 힘을 주로 이용하고 노를 보조 동력으로 사용하는데 그리스와 로마, 이집트와 페르시아 등 고대에 지중해를 지배했던 나라들은 대부분 갤리선을 사용했다. 바람의 방향과 세기가 불규칙한 지중해에서는 범선처럼 바람에만 의존하여 이동할 수 없었고 해안선을 따라 이동하거나 전투에서 마음대로 방향을 바꾸기 위해서는 노를 젓는 방식이 훨씬 유리했다.
- 코그선(Cog船)과 바이킹선(Viking船) : 10~15세기 북유럽에서 많이 사용되었던 선박으로 마스트(돛을 다는 기둥)가 하나이고 중세 도시 국가 간의 무역이나 바이킹들이 거친 바다를 항해하기에 적당한 배로 주로 노를 젓고 돛은 보조로 사용했다.
- 캐럭(Carrack) : 15~16세기에 주로 이용되었던 캐럭은 온전히 돛을 이용한 바람의 힘으로만 항해하는 배로 노잡이가 필요 없기 때문에 더 많은 화물을 실을 수 있어 대양을 건너는 장거리 항해에 유리했다. 또한 노를 젓는 공간에 대포를 설치할 수 있어서 군함에서도 점차 갤리선을 대체했다.
- 갤리언선(Galleon船) : 대양에서의 전투에서 승리하기 위해 각 나라는 더 많은 대포를 배에 설치하는 노력으로 점점 배의 크기를 키워 나갔는데, 캐럭 형태의 덩치만 커진 배는 높이가 더 높아지면서 복원력에 문제가 생겼다. 1545년 영국의 메리 로즈호가 프랑스와의 해전에서 침몰하면서 영국은 안정적으로 포를 많이 탑재할 수 있는 배를 개발했는데, 이렇게 선수와 선미의 높이를 낮추고 선체의 길이를 늘려 안정성과 기동성을 개량한 배가 갤리언선이다.

고 육지에 있는 운하에서는 범선을 운직일 바람의 힘이 약할 뿐만 아니라 결정적으로 역풍이 불면 폭이 좁은 운하에서 지그재그로 이동할 수가 없었기 때문이에요.

증기기관이 열고 증기기관차가 완성한 산업혁명

1769년 영국의 제임스 와트가 **증기기관을 발명**하면서 이전처럼 사람이나 동물 또는 물, 파도 등 자연의 힘을 의지하지 않고 마음대로 사용할 수 있는 **엄청난 동력**을 얻을 수 있

게 돼요. 사실 끓는 물의 증기 압력을 이용하려는 아이디어는 기원전 아르키메데스 때에도 있었고, 이전에 많은 사람들이 증기를 이용한 기관을 만들었지만 제임스 와트가 만든 기관이 증기압의 힘만으로 움직인다는 점에서 그를 증기기관의 발명자라고 해요.

증기기관이 엄청난 힘으로 여러 기계들을 한꺼번에 움직일

tip 기차와 자동차 출력의 단위, 마력(hp)

증기기관 발명 이전까지 말이나 소가 공장을 돌렸고 사람들은 말이 끄는 마차를 탔다. 그러므로 증기기관을 처음 발명했을 때에는 이 기관이 얼마나 힘이 센지 알리면 말의 힘과 비교하는 게 사람들이 이해하기 가장 쉽고 확실했다. 말 한 마리가 끄는 힘을 1마력(hp, horse power)으로 정하고, 이 기계는 몇 마력짜리라고 했다. 1마력은 미터법으로 약 746와트에 해당되는데, 아직도 기차나 자동차의 출력을 말할 때 100마력, 150마력 같은 식으로 말한다.

수 있게 되면서 대량으로 물건을 생산하는 공장이 생겨나기 시작했고, 공장에는 많은 노동자가 필요하게 되어 시골의 농부들이 공장으로 와서 근무하기 시작했어요. 이렇게 해서 공장 근처에는 도시가 생겨나고 공장에서 대량으로 생산하는 물건을 사람들이 저렴한 가격에 사용할 수 있게 되었어요.

증기기관으로 대량 생산된 물건과 사람들을 빠른 속도로 멀리 이동할 수 있게 한 것은 기차의 발명이에요. 증기기관으로 많은 물건을 생산하기 위해 많은 양의 석탄을 탄광에서 공장까지 운반해야 했는데 마차가 커지면서 바퀴가 바닥을 더 깊이 파고드는 사고가 발생했어요. 이 때문에 더 단단한 선로가 필요했고 나무나 돌을 거쳐 결국 쇠로 만든 선로를 만들게 되었는데 이것이 바로 철도예요. 많은 물건과 석탄을 운반하기 위해 탄광과 공장, 공장과 항구를 잇는 철도가 생겨난 거예요.

탄광에서 태어난 조지 스티븐슨은 탄광에서 자라면서 증기기관으로 탄광의 물을 퍼낼 수 있게 되는 것을 보고 이를 응용하여 석탄을 운반하는 증기기관차를 처음으로 만들었어요. 1825년에 스티븐슨은 로코모션(Locomotion)이라는 증기기관차를 만들어 90톤의 석탄을 싣고 시간당 18

킬로미터로 스톡턴과 달링턴을 잇는 40킬로미터의 철도를 완주하는 세계 최초의 기록을 세웠어요.

스티븐슨의 증기기관차로 인해 많은 사람들이 철도에 관심을 가지게 되면서 마침내 역사적인 사건이 벌어졌어요. 바로 맨체스터와 리버풀을 잇는 철도 건설이 추진되었던 거예요. 공업도시인 맨체스터와 항구도시인 리버풀은 50킬로미터 정도 떨어져 있었는데 이미 운하로 연결되어 많은 물자를 나르고 있었어요. 하지만 운하보다 빠르고 저렴한 철도의 잠재력을 발견하고 철도 건설을 추진하게 된 것이지요.

마침내 1829년 맨체스터와 리버풀 간 100킬로미터를 평균 1시간에 16킬로미터 이상으로 왕복하는 역사적인 증기기관차 경주대회를 구경하기 위해 수많은 사람들이 몰렸어요. 경쟁자의 기관차들이 모두 중간에 멈추거나 속도가 떨어졌지만, 스티븐슨의 기관차 '로켓호'만은 평균 시간당 20킬로미터 이상으로 완주하였지요. 바로 증기기관차의 아버지 스티븐슨이 탄생하는 순간이에요.

이 사건으로 인해 영국을 비롯하여 전 세계에 철도가 깔리기 시작하여 마차와 운하가 역사의 주인공에서 밀려나고 철도의 시대가 열리게 되었어요. 동력기관은 증기기관에서 디젤엔진, 그리고 전기로 바뀌었지만 철도는 오늘날에도 중요한 교통수단으로 자리 잡고 있답니다.

증기기관과 산업혁명

　증기기관이 발명되기 이전에는 물의 힘을 이용하여 물레나 방적기를 돌리기 위해 계곡이나 강가에 공장을 지었는데 증기기관이 발명되면서 이런 제한이 없어지고 교통이 편하거나 석탄이 가까운 넓은 곳에 공장을 짓기 시작했어요. 이전에는 사람이나 동물 또는 물과 같은 자연의 힘을 이용했던 생산 방식이었는데 이제는 석탄만 있으면 증기기관을 이용해 100명 이상이 하는 일을 한 사람이 할 수 있게 되면서 생산 방식과 속도와 양이 완전히 바뀌게 되었고, 이를 산업혁명이라고 불러요.

　산업혁명 이후 수많은 농민들이 공장 노동자가 되기 위해 공장으로 몰리면서 자연스럽게 근처에 도시가 생겼어요. 평민과 농노가 조공을 바치면 그 대가로 영주와 기사는 안전을 보장하던 소규모 생산 및 소비를 기반으로 하는 봉건 사회에서 공장주가 대규모 자본으로 공장을 지어 노동자를 고용하여 대량 생산·소비하는 도시 시대로 바뀌게 되었어요.

　한편, 공장 노동자가 필요했던 신흥 상공인과 농부를 빼앗길 위기에 처한 지주 귀족들 사이에 갈등이 깊어졌고, 마침내 신흥 상공인들은 노동자들의 '신체의 자유'를 내세워 지주 귀족들과 맞섰는데 그중에 가장 큰 사건이 바로 프랑스 대혁명이에요. 마침내 봉건주의 시대가 저물고 근대 자본주의가 탄생한 것이지요.

　하지만 공장주들은 더 많은 돈을 벌기 위해 오랜 시간 일을 시켰고 특히 어린아이들을 열악한 노동 환경에서 일하게 하면서 많은 사회 문제도 생겨나게 되었어요. 사람들은 하루 14~18시간가량의 노동을 하였고 열악한 환경에서 집단생활을 하면서 주거와 위생 문제 등도 생겨나기 시작했어요. 열악한 환경을 개선하기 위해 노동자들은 기계를 파괴하기도 하면서 공장 자본가들에 저항하다 조직적으로 활동하는 노동 운동으로 발동하게 돼요. 이러한 갈등과 모순 상황을 목격한 마르크스는 공동으로 생산하여 분배하는 공산주의를 주창하게 되었어요.

　많은 물건을 생산하여 멀리 운반할 수 있게 되면서 일부 국가들은 더 많은 원료를 더 싸게 가져오고 판매처를 확보하기 위해 약한 나라들을 침략하기 시작했어요. 식민지 확보를 위한 제국주의 시대가 시작된 거예요. 이전까지 세계의 강자는 네덜란드, 스페인, 프랑스였는데, 산업혁명 이후 가장 많은 식민지를 확보한 영국이 '해가 지지 않는 나라' 대영제국을 건설하면서 세계 최고의 강국으로 부상하게 돼요. 우리나라와 같이 빠르게 근대화를 이루지 못한 나라들은 식민지가 되었고, 식민지 확보의 쟁탈전이 결국 제1, 2차 세계대전으로까지 확대되었지요.

이카로스의 꿈을 이룬 라이트 형제

이카로스의 꿈처럼 사람들은 기원전부터 새처럼 하늘을 나는 꿈을 꾸었어요. 그 꿈을 실현하기 위해 처음으로 구체적인 노력을 한 사람은 레오나르도 다빈치예요. 16세기 초 르네상스 시대를 맞은 이탈리아에서는 엄청난 수학과 과학의 발전이 이루어졌어요. 다빈치는 하늘을 나는 새와 곤충을 관찰하면서 당대 최고의 해부학, 기계공학, 공기역학 지식으로 오니솝터라는 하늘을 나는 기구를 설계해서 몇 년간 실험을 거듭했어요. 오니솝터는 사람이 팔과 발을 움직여 새처럼 양 날개를 퍼덕이며 떠오르는 힘, 즉 양력을 얻는 원리인데, 사람의 힘만으로는 하늘을 날 수 있을 만큼 날개를 빨리 움직일 수가 없어서 실패하고 말았어요. 다빈치는 여기서 그만두지 않고 나선형 날개를 빠르게 회전하여 하늘을 날 수 있는 기구를 설계했어요. 이 또한 비록 당시에는 인간의 힘으로 하늘을 날 만큼 빠르게 기계를 돌릴 수 없어서 성공하지는 못했지만 500년이 지난 20세기에 러시아의 이고리 시코르스키가 다빈치의 기구에서 영감을 얻어 헬리콥터를 만들게 돼요.

인간이 실제로 하늘을 나는 것은 18세기까지 200년을 더 기다려야 했어요. 프랑스의 몽골피에 형제는 공기를 열로 가열하면 가벼워진다는

사실을 이용해 **가열한 공기를 가둬서 하늘을 나는 열기구를 개발**했어요. 가벼운 물질로 만든 공기를 가둘 커다란 공기주머니를 만들고 그 밑에서 불을 피워 마침내 1783년 베르사유 궁전에서 루이 16세를 포함한 수많은 사람들이 보는 앞에서 동물을 태운 기구를 띄우는 데 성공하였고 같은 해 11월 마침내 최초로 사람을 태우고 약 500미터를 비행하는 데 성공했어요. 바로 하늘을 나는 최초의 사람이 탄생했던 거예요.

기구를 이용해 하늘을 날 수 있게 되었지만 방향을 조절할 수 없다는 단점을 극복하기 위해 많은 사람들이 노력했는데, **독일의 체펠린 백작**이 1900년에 마침내 그 꿈을 실현했어요. 체펠린은 알루미늄 뼈대로 거대한 몸체를 만들고 그 안의 여러 칸에 가스주머니를 만들어 수소를 채워 넣어 부력을

하늘을 나는 궁전, 체펠린 비행선

체펠린의 비행선 힌덴부르크호는 상상을 초월하는 크기였는데, 길이가 245미터, 직경이 41.2미터로 축구장 세배 정도였다. 현재 가장 큰 비행기인 에어380은 동체 길이가 73미터, 날개 길이가 80미터, 높이가 24미터인데, 이와 비교하면 힌덴부르크호가 얼마나 큰지 짐작할 수 있다. 에어380보다 3배 이상 크고 2배 가까이 높은 하늘을 나는 궁전이었던 셈이다. 43시간이나 걸려 대서양을 횡단했으므로 힌덴부르크호에는 숙박할 수 있는 객실과 식당, 그리고 연주용 그랜드 피아노와 산책용 통로까지 있었다고 한다.

확보했어요. 몸체 바깥에는 프로펠러 붙여서 원하는 방향으로 추진력을 얻었고, 몸체의 안과 밑에 승무원과 승객이 타는 공간을 만들었어요. 엄청난 양의 수송 능력을 자랑하는 체펠린 비행선은 먼저 군용으로 사용되어 런던을 정찰하고 폭격하는 데 성과를 올리기도 했어요.

체펠린은 비행선 운송회사를 차려 정기 여객 서비스를 시작하였고 대서양 너머 미국까지 43시간 만에 이동하는 서비스를 시작했어요. 당시 사람들은 비행선에 열광했고 체펠린은 독일에서 가장 유명한 사람이 되었지만, 체펠린 비행선은 치명적인 약점이 있었어요. 바로 날씨였어요. 길이 250미터, 높이 40미터의 거대한 비행선은 바람에 민감했고 시속 130킬로미터 정도의 속도로는 거센 바람에서 빠져나오기 어려웠어요. 운행 중에 여러 대가 악천후로 추락했음에도 불구하고 체펠린의 비행선은 9년간 600회 가까운 상업 운행을 할 정도로 인기를 끌었어요. 그런데 당시에 가장 인기가 좋았던 힌덴부르크호는 1937년 97명의 승객을 태우고 독일에서 미국으로 비행했는데, 목적지인 뉴저지에 도착한 힌덴부르크호가 착륙을 위해 고도를 낮추던 중에 비행선 뒤쪽에서 불꽃이 튀면서 폭발하고 만 거예요. 이 사고로 무려 36명이 사망하고 나머지는 기적적으로 목숨을 건졌어요. 이 장면은 영상으로 촬영되어 전 세계를 충격의 도가니로 몰아넣었고 결국 역사상 가장 유명한 항공 운송수단이었던 체펠린 비행선은 역사 속으로 사라져 버렸어요.

한편, 독일의 오토 릴리엔탈은 직접 제작한 글라이더를 만들어 1891년 최초로 비행에 성공하였어요. 이후 비행 키를 달아 조정하고 엔진이 달린 비행기를 만들려고 했으나 1896년 사고로 죽고 말았어요. 이 소식을 접한 미국의 형 윌버와 동생 오빌 라이트 형제는 하늘을 나는

비행기 날개를 들어 올리는 힘, 양력

18세기 초 스위스의 베르누이는 '유체의 속도가 높은 곳에서는 압력이 낮고, 유체의 속도가 낮은 곳에서는 압력이 높다'는 사실을 발견하고 자신의 이름을 따서 '베르누이의 원리'라고 불렀다. 날개의 위쪽과 아래쪽은 커브의 차이로 공기 흐름의 속도가 달라지는데, 위쪽은 빠르고 아래쪽은 느린 차이 때문에 압력의 차이가 발생하고 그 결과 날개를 밑에서 위로 들어 올리는 힘인 '양력'이 발생한다.

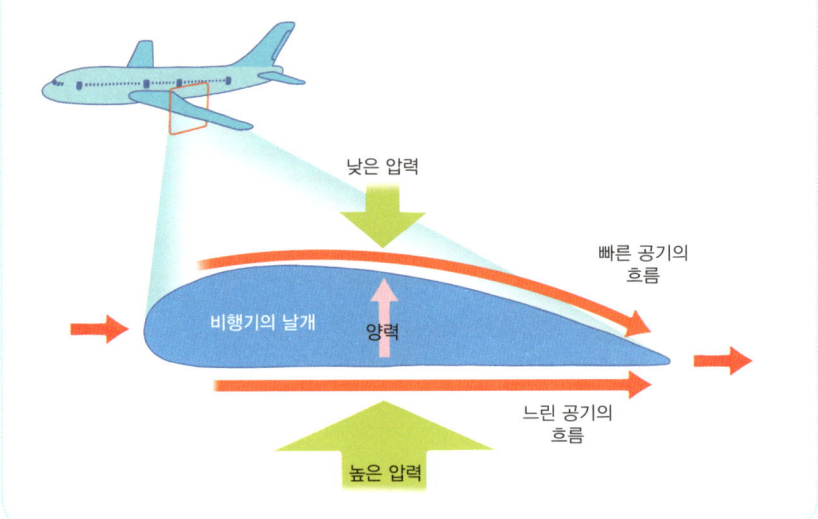

비행기를 만들 꿈을 꾸기 시작했어요.

  자전거 생산 및 판매를 하던 형제는 비행기를 '하늘을 나는 자전거'로 생각하고 조종 가능한 비행기 제작에 집중했어요. 어렸을 때 장난감으로 헬리콥터를 가지고 놀았던 두 형제는 이미 오토 릴리엔탈의 실험으로 충분히 힘센 엔진만 있으면 하늘을 나는 것은 문제없다고 확신했어요. 그것보다도 안전하게 이륙 및 착륙, 그리고 조정할 수 있는 것이 성공의 열쇠라고 생각했던 거지요. 그래서 체펠린이 최초로 비행선을 날렸던 1900년 같은 해에 라이트 형제는 글라이더를 만들어 실험을 시작했어요. 언덕에서 날리기도 하고 자체 풍동장치(바람을 불어 비행체 조종을 실험하는 장치)를 만들어 수천 번의 실험을 거쳐 마침내 1902년 3축 조종장치 개발을 완료하여 항공기 조종에 대한 특허를 냈어요. 1903년 라이트 형제는 선박 엔진을 자체 개조하여 나무 프로펠러를 단 인류 최초의 비행기 '플라이어 1호'를 만들어 이륙에 성공하게 되지요. 비록 12초 동안 37미터밖에 날지 못했고 속도도 시간당 10.9킬로미터밖에 되지 않았지만 바람이나 기체의 도움을 받지 않고 자체 동력만으로 조종 가능한 최초의 비행, 즉 수천 년 전 그리스 로마 신화의 이카로스의 꿈이 실현되는 순간이었지요.

그 후 라이트 형제는 언론과 정부의 불신, 경쟁자들의 모방, 수많은 실험과 사고로 인한 부상을 모두 극복하고 마침내 1909년 라이트사를 만들어 항공기 제작 및 판매 사업을 시작했어요. 1915년 동생 오빌은 회사를 매각했고, 그 이후 항공기 사업은 급속도로 발전하여 제1, 2차 세계대전에 중요한 수송 및 공격 수단으로 활용되었고 오늘날에도 중요한 교통수단 중의 하나이지요.

Chapter 3
현재의 교통수단

두 바퀴로 말보다 빨리 달리는 자전거

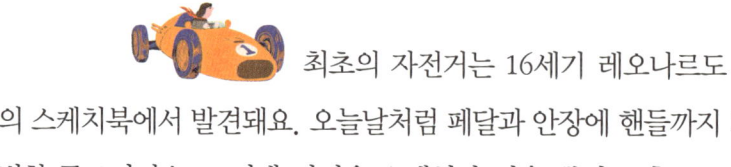 최초의 자전거는 16세기 레오나르도 다빈치의 스케치북에서 발견돼요. 오늘날처럼 페달과 안장에 핸들까지 거의 완벽한 구조이지요. 그런데 이것은 스케치만 있을 뿐이고 후대에 누군가가 날조해서 그렸다는 설도 있어서 자전거

역사에서 최초의 자전거로 인정하지 않는 사람들이 많아요.

　본격적인 자전거 역사는 1790년 프랑스에서 시작해요. 프랑스의 귀족 시브락은 나무로 만든 같은 크기의 바퀴를 연결해서 그 위에 안장을 얹은 셀레리페르라는 걸 만들었어요. 엉거주

73

춤하게 앉아서 핸들을 잡고 두 발로 달리는 구조인데, 방향 전환을 할 수 없어서 두 발을 땅에서 떼면 균형 잡기가 어려웠어요. 1817년 독일의 카를 폰 드라이스는 앞바퀴를 핸들로 조정해서 움직여 방향 전환이 가능하도록 만들었어요. 드라이지네라고 이름 붙인 이 자전거는 달리면서 균형을 잡을 수 있게 되어 시속 20킬로미터까지 안전하게 달릴 수 있게 되었어요.

최초의 페달은 다시 프랑스에서 만들어졌어요. 프랑스의 피에르 미쇼가 1861년 앞바퀴에 페달을 달아 최초로 발을 떼고 달릴 수 있게 되었지요. 처음으로 대량 생산을 시작하였고 바퀴도 나무에서 통고무로 바꾸면서 속도와 승차감까지 높일 수 있었어요. 앞바퀴에 직접 페달이 달려 있다 보니 바퀴가 커지면 커질수록 빨리 갈 수 있어 앞바퀴를 키우는 노력이 계속되었어요. 1871년에 영국의 제임스 스탈리는 앞바퀴가 성인 어깨 가까이 오는 자전거 오디너리를 만들었어요. 속도도 빠르고 고무바퀴에 승차감도 좋아 인기가 높았고 자전거 경주까지 생겨나게 되었어요. 그런데 앞바퀴가 너무 크다 보니 타고 내리는 것이 어려웠고 앞바퀴 위에 사람이 앉아 있다 보니 장애물에 걸리면 바로 앞으로 넘어지는 단점이 있었지요.

이러한 오디너리의 단점을 해결하기 위해 많은 사람들이 노력했어요. 1874년 영국의 해리 로슨은 최초로 뒷바퀴와 페달을 연결하고 사람이 타는 위치를 두 바퀴의 가운데로 해서 장애물에 걸려도 잘 넘어지지 않게 했어요. 1884년 영국의 존 켐프 스탈리는 로슨의 자전거에서 앞바퀴와 뒷바퀴의 크기를 같게 해서 잘 넘어지지 않는 자전거 세이프티를 만들었어요. 안전을 뜻하는 세이프티(Safety)가 바로 오늘날 자전거의 원형이라고 평가받고 있어요. 자전거의 발명을 좋아했던 사람은 여자들이었어요. 당시 여자들은 폭이 넓고 긴 치마를 입고 다녔는데 마차를 타거나 말 뒤에서 발을 한쪽으로 모으고 남자 뒤에서 탈 수밖에 없었어요. 그런데 자전거가 발명되면서 여자들도 남자들의 구속에서 벗어나 자기가 원하는 곳으로 스스로 이동을 할 수 있게 되었답니다.

tip 자전거는 영원한 친환경

오늘날 자전거는 자동차나 연료를 사용하는 교통수단에 비해 사람이 직접 움직이므로 소음이나 매연이 발생하지 않고 또한 운동도 겸할 수 있어서 친환경 교통수단으로 인정을 받고 있다. 그런데 자동차나 매연이 없던 19세기, 처음으로 자전거가 본격적으로 사용되기 시작했을 때에도 친환경 교통수단으로 각광을 받았다고 한다. 당시 길거리는 주된 이동 수단이었던 마차와 우마차를 끄는 말과 소가 배설하는 똥과 오줌이 가득해서 냄새가 진동했다. 자전거를 타면 이런 문제가 모두 해결되므로 친환경이라고 환영을 받았던 것이다.

　자전거는 바퀴에 바람을 넣은 튜브가 개발되어 더욱 안락하게 바뀌었고 자동 변속기 등이 발명되어 더욱 빠르고 편하게 자전거를 탈 수 있게 되었지요. 오늘날에는 산악 능선을 달리는 산악자전거, 산에서 빠르게 내려오는 다운힐, 도로에서 빨리 달릴 수 있는 사이클 등 다양한 자전거가 있어요.

자동차는 말보다 빨리 달릴 수 없다

증기기관에 이은 증기기관차의 발명은 빠르게 달리고 싶은 사람들의 욕구를 충족시키기에 충분했어요. 철도뿐만 아니라 증기기관을 말 대신 마차 앞에 연결한 증기자동차가 등장하여 시내에서도 달리기 시작해서 1840년도에는 런던과 인근 도시를 오가는 정기 버스가 다닐 정도였

으니까요. 그런데 자동차 보급이 늘면서 새로운 문제가 발생했어요. 증기자동차로 인해 마부와 마차에 관계된 사람들이 일자리를 잃게 된 것이지요. 생계가 어려워진 이 사람들은 결사적으로 반대하여 자동차의 운행을 금지하는 법안을 요청했어요. 가끔씩 폭발했던 증기자동차가 위험하고, 석탄으로 인한 공해에다 칙칙폭폭 소리가 말을 놀라게 할 수 있고 또 너무 빨리 달려서 사고가 발생할 수 있다는 논리였어요.

그렇게 해서 새로운 기술인 증기자동차를 만들고 운행하려는 사람들과 기존의 마차와 관련이 있어서 필사적으로 증기자동차를 막으려는 사람들이 싸웠는데, 양쪽 사람들을 모두 만족시키기 위해 결국 영국 법원은 1865년 역사의 교훈으로 남아 있는 붉은 깃발법, '적기 조례(Red Flag Act)'를 제정했어요. 세계 최초의 도로교통법인 적기 조례의 주요 내용은 다음과 같아요.

먼저, 자동차는 말보다 빨리 달릴 수 없었어요. 그리고 교외에서는 6.4킬로미터 이하로, 시내에서는 시간당 3킬로미터 이하로 달려야 했어요. 또한 자동차 한 대에는 운전사, 보조기사, 깃발을 든 기수까지, 총 세 명을 고용해야 했지요.

기수는 자동차 앞에서 걸어가며 자동차가 오는 것을 알리고 특히 말이 놀라지 않도록 마차가 지나가면 자동차가 멈춰 서게 해야 했어요.

이 조례로 인해 1896년 적기 조례가 폐지될 때까지 약 30년 동안 영국은 세계 최초로 증기자동차를 만든 자동차 선진국에서 이류 국가로 전락하고 말았어요. 그 사이 유럽의 다른 나라에서는 증기기관을 개선하여 내연기관과 내연기관 자동차를 개발했거든요. 1859년 프랑스의 전기회사에서 근무하던 벨기에의 조제프 에티엔 르누아르는 석탄가스를 이용해 최초로 실용적인 내연기관을 만들었어요. 르누아르는 이후에 공장을 세워 자신의 내연기관 자동차를 50대나 팔았다고 해요.

1876년 독일에서는 니콜라우스 오토와 그의 조수였던 고틀리프 다임러와 빌헬름 마이바흐는 보다 성능이 우수한 내연기관을 만들고 '오토 엔진'이라고 이름 붙였어요. 오토는 자신이 만든 엔진을 공작기계에 활용할 생각밖에 하지 못했는데, 다임러와 마이바흐는 오토의 휘발유 엔진으로 오토바이와 비슷한 이륜차를 최초로 만들었어요. 그리고 1886년 다임러의 경쟁자였던 카를 벤츠는 휘발유 엔진을 얹은 3륜 자동차 벤츠 1호를 만들어 최초의 자동차로 특허를 얻었고, 특허 받은 자동차라는 뜻

에서 '페이턴트 모터바겐(Patent Motorwagen)'이라고 이름 붙였어요.

다임러가 비록 최초의 자동차 특허는 놓쳤지만, **최초의 4바퀴 자동차를 발명하였고 마차에서 벗어나 현대 자동차의 근간이 되는 자동차**를 만들었어요. 유럽의 다른 나라와 미국에서는 앞다투어 이 자동차를 모방해서 빠르게 자동차 산업이 발전하기 시작했지요. 이렇게 유럽의 다른 나라에서 증기자동차를 대신할 내연기관을 발 빠르게 개발하는 동안 영국은 적기 조례 때문에 내연기관을 개발할 시기를 놓치고 말았어요. 이렇게 뒤처진 영국의 자동차 기술은 100여 년이 지난 오늘날까지도 독일이나 다른 유럽 국가를 따라잡지 못하고 있답니다.

1892년 독일의 루돌프 디젤은 기존 엔진처럼 연료를 압축한 뒤 점화 플러그로 점화하는 방식이 아닌 연료의 압축력을 이용하여 자동 발화하는 디젤엔진을 발명하였어요. 휘발유 엔진보다 훨씬 힘이 세고 값싼 연료를 사용할 수 있는 디젤엔진은 빠른 속도로 공장이나 선박, 발전소 등에서 증기기관을 대체해 나갔고, 1970년대부터는 소음과 진동을 개선하여 자동차에도 많이 사용되고 있어요.

자동차 핸들의 위치는 어떻게 다를까?

전 세계 242여 개 국가 중에 영국과 영연방, 일본 등을 비롯하여 74개국 정도가 핸들이 자동차의 오른쪽에 있는 우핸들, 나머지 약 160여 개 국가가 좌측 핸들을 사용한다. 영국에서 우핸들을 사용하는 이유는 마차에서 유래했다. 사람들은 대부분이 오른손잡이이므로 동승자가 채찍에 맞지 않도록 마부가 오른쪽에 앉은 데서 유래했다고 한다. 반면 미국은 도로가 넓어 두 마리 말이 끄는 쌍두마차가 많았는데 이 경우에는 마부가 왼쪽에 앉는 것이 가운데서 채찍질하기 유리했다. 또한 수동 변속 기어를 오른손으로 조작하기 편하도록 핸들을 왼쪽에 두기 시작했다고도 한다.

자동차 대중화와 생활의 변화

자동차 개발은 가속화되었지만 1900년대 초까지는 부자나 귀족들의 전유물이었어요. 당시 미국의 공장 노동자 1년 평균 급여가 500달러였는데 자동차 가격이 2000달러였으니 4년치 급여

를 모두 모아 차를 산다는 건 그림의 떡이었지요. 미국의 헨리 포드는 이런 자동차를 대중화하는 꿈을 꾸고 1903년에 자동차 회사를 만들었어요. 비록 자본금 10만 달러에 노동자 12명의 작은 공장이었지만 포드는 가격을 낮추어 대량 생산을 할 수 있는 획기적인 방법을 생각해 냈어요. 우연히 방문한 도축장에서 도축된 짐승이 벨트에 매달려 가는

사이, 작업자들이 거기에 맞추어 작업하는 모습에서 영감을 얻어 컨베이어 벨트 시스템으로 자동차를 생산하는 '포드 시스템'을 만든 거예요. 이 방법으로 기존보다 2배 이상 생산성이 높아졌어요. 기존에 2000달러 하던 자동차 포드 모델 T를 1908년부터 850달러까지 낮추어 판매하기 시작하자 날개 돋친 듯이 팔려 나갔고, 1920년에는 450달러까지 낮출 수 있었어요.

포드 시스템으로 모델 T 한 대를 조립하는 시간을 대폭 줄였고 연간 200만 대까지 생산할 수 있게 되어 자동차 대중화의 길을 열었어요. 하지만 부작용도 있었어요. 컨베이어 벨트를 통해 공장 전체가 한 기계처럼 돌아가면서 작업자들도 기계 부품으로 전락한 거예요. 찰리 채플린의 〈모던 타임스〉도 이 시대를 풍자한 영화예요. 당시에는 증기기관과 전기 모터가 이미 있었지만 컨베이어 벨트는 작업자가 돌려야만 하기도 했고, 라인에서 떨어진 엔진이나 커다란 부품에 작업자가 다치기도 했어요. 또한 작업 속도가 떨어지는 것을 막기 위해 노동자를 감시하는 사람도 있어서 조금이라도 늦어지면 채찍으로 때리기까지 했어요.

급기야는 근로자들이 신경쇠약이나 정신질환에 걸리기도 하고 불만에 찬 노동자들의 항의로 난투극이 벌어지는 등 이직률이 엄청나게 높았어요. 포드는 이러한 문제를 해결하기 위해 임금을 기존의 일당 2.34달러에서 5달러로 획기적으로 높였어요. 그러자 디트로이트뿐만 아니라 멀리 캐나다에서까지 소식을 듣고 사람들이 몰려왔어요. 생산이 안정되고 근로자들의 소득이 올라가자 더 많은 사람들이 자동차를 구입할 수 있게 되었어요. 포드는 노동자들을 붙잡아 두기 위해 임금을 올렸는데 이 사람들이 자동차의 새로운 소비자가 된 거예요.

이처럼 자동차가 대중화되고 공장 노동자들이 자동차를 구입하는 시대가 되면서 일상생활에 많은 변화가 있었어요. 사람들이 주말이면 자동차를 타고 교외나 공원으로 나가거나 또는 다른 도시의 친지를 방문하기 위해 자유롭게 여행하면서 도시 사이를 연결하는 도로가 발달했고 도로를 따라 숙박업소 및 새로운 형태의 상업 및 유흥시설들이 생겨났어요. 자동차로 이동 가능한 거리가 늘어나면서 교외의 땅값이 싼 곳에 대규모 할인매장이 생겨나고 이전에는 집 근처의 가게에서 매번 필요한 물건을 구입하던 구매 패턴이 한꺼번에 일주일치 또는 그 이상의 물품을 구매해서 저장하는 식으로 바뀌었어요. 그 결과 냉장·냉동식품이 늘고 자연히 냉장고나 냉동고의 수요가 폭발적으로 증가했지요.

자동차의 발달은 도시 계획에도 영향을 미쳤는데, 예를 들면 자동차가 생기기 이전에 만들어진 런던, 뉴욕이나 시카고 같은 도시들은 마차와 걸어 다니는 사람들을 위해 좁은 도로와 보도로 도시가 설계되었다면, 로스앤젤레스와 같이 자동차가 생긴 이후에 조성된 도시는 넓고 직선으로 차도를 뚫어 자동차로 도시 안을 이동하는 개념으로 만들어졌답니다.

또한 포드 모델 T가 나왔을 때만 해도 자동차는 귀족과 부자의 전유물이라는 생각이 깔려 있어 여자들이 운전하는 모습을 보기 싫어했어요. 그런데 포드 모델 T로 인해 자동차가 대중화되면서 자동차 회사들은 근사한 자동차를 운전하는 여성을 멋쟁이 신세대로 홍보하면서 여성 운전자들의 비율이 높아졌어요. 특히 1920년 여성들이 투표권을 가지게 되고 여자들이 차를 타고 선거 운동을 하면서 사람들의 인식이 달라지기 시작했어요. 이처럼 자동차의 발명과 보급은 단지 교통수단의 발전으로 사람과 물자를 빠르게 더 많이 운반할 수 있게 된 것 뿐만 아니라 사람들의 생활방식과 인식 그리고 다른 산업들의 발전에까지 영향을 미쳤어요.

깜빡이와 사이드미러는 원래부터 있었을까? 자동차 부품의 역사

자동차가 처음 나왔을 때에는 깃발을 옆으로 펼쳐서 좌회전, 우회전을 표시했다. 지금처럼 전구를 이용한 방향 지시등, 일명 깜빡이는 한참 후에야 등장했는데, 자동차와 관련된 기술의 발전에는 여성 발명가들의 공이 무척 크다. 여성들과 관련된 주요 자동차 부품의 역사를 알아보자.

- 방향 지시등과 브레이크 신호 : 미국의 영화배우 플로렌스 로렌스는 1914년 처음으로 전기 신호를 이용해서 브레이크를 밟으면 뒤쪽에서, 방향을 바꾸려면 오른쪽이나 왼쪽에서 깃발이 올라오는 장치를 발명했다.
- 브레이크 패드 : 최초의 자동차를 발명한 카를 벤츠의 부인 버사 벤츠는 남편과 함께 메르세데스 벤츠를 설립하고 마케팅도 담당했다. 그녀는 남편이 만든 차를 타고 다니면서 홍보 활동을 했는데, 차가 좀 더 부드럽게 멈춰 서는 장치에 대한 아이디어를 떠올리고 제동장치에 가죽을 덧대어 소리가 나지 않으면서 부드럽게 멈추게 하는 브레이크 패드를 발명했다.
- 와이퍼 : 미국의 주부 마리 앤더슨은 추운 겨울날 뉴욕으로 가던 중에 진눈깨비로 자동차가 움직이지 못하는 모습을 보고 빗자루를 이용해서 자동차 앞 유리를 닦는 아이디어를 떠올려 1903년 와이퍼를 발명했다.
- 케블라 타이어 : 미국의 화학자 스테파니 루이스 퀄렉은 듀폰사에서 탄소와 질소, 수소, 산소를 결합해서 불에 잘 견디는 케블라(Kevlar)라는 물질을 만들었다. 케블라는 곧바로 타이어에 사용되었고 나중에 헬멧이나 방탄복, 비행기, 건축자재 등에도 널리 사용되었다.
- 무선 전송 기술 : 미국의 영화배우 헤디 라머는 제2차 세계대전 중에 여객선이 독일 잠수함에 공격을 받은 소식을 듣고 적에게 들키지 않기 위해 주파수를 바꿔 가면서 통신하는 방식을 개발했는데, 주파수 도약이라는 이 방식은 오늘날의 와이파이, 블루투스 등 무선 통신기술에도 적용되고 있다.
- 자동차 히터 : 미국의 마거릿 윌콕스는 1893년 엔진에서 발생하는 열을 이용해서 외부의 공기를 데워 자동차 내부로 보내는 방식의 히터를 발명했다.

포드의 컨베이어 벨트와 산업혁명

제임스 와트의 증기기관으로 인류는 역사상 처음으로 기계를 이용한 대량 생산이 가능해졌고, 이는 공장과 도시의 발달 등 산업 전반에 커다란 변화를 가져오게 되는데 훗날 학자들은 이것을 산업혁명이라 불렀어요. 이처럼 산업과 사회 전반에 커다란 변화를 산업혁명이라고 하는데, 현재는 4차 산업혁명이 진행 중이에요.

1차 산업혁명 : 증기기관의 발명과 기계화

1769년 제임스 와트가 증기기관을 발명한 후에 인류는 기계의 힘을 이용해 이제껏 경험해 보지 못한 대량 생산 체계를 갖추게 돼요. 기계를 이용해 생산성이 높아지면서 더 좋은 물건을 싸게 만들어 팔 수 있게 되어 이전에는 부자나 귀족들만 사용했던 물건들을 일반인도 사용할 수 있게 되어 일반 사람들의 삶의 질이 바뀌었어요. 교육에서도 변화가 있었는데 이전에 교육은 귀족 자제들만 가정교사를 통해 교육을 받고 일반인을 위한 교육은 없었어요. 그런데 공장이 생기면서 공장 노동자를 교육할 필요가 생겼어요. 그래서 생겨난 것이 초등학교(엘러멘터리 스쿨, elementary school)인데 시간 읽는 법, 숫자 읽는 법, 글자 읽는 법 등 공장 노동자에게 필요한 교육을 가르졌어요.

한편, 산업화를 통해 신흥 부자들이 생겨나면서 가정교사를 통한 일대일 교육이 아닌 부자와 귀족 자제들을 모아서 가르치는 사립학교가 생기기 시작했어요. 일대일 개인 교습이 아니라 학생들을 모아 함께 가르쳤기 때문에 아이러니하게도 이름을 퍼블릭 스쿨(public school)이라 불렀지요. 그래서 지금도 영국에서 퍼블릭 스쿨이라고 하면 공립학교가 아니라 사립학교를 의미해요.

산업화가 계속되면서 시골 사람들이 공장 노동자가 되어 대규모로 도심에 몰려 살면서 열악한 생활환경이 문제가 되었어요. 공장에서는 노동자들의 노동 학대 및 유아 노동 등의 사회 문제가 대두되었어요. 또한 기계와의 경쟁에서 밀린 노동자들이 기계를 파괴하는 '러다이트 운동'도 발생했어요.

2차 산업혁명 : 전기에너지와 컨베이어 벨트

헨리 포드의 컨베이어 벨트를 이용한 생산 방식은 자동차의 가격을 기존 공장 노동자 일 년치 급여의 4배에서 2배 정도로 낮추므로 이전에 귀족이나 부자만의 전유물이었던 자동차를 중산층도 구매할 수 있게 하였어요. 전기의 발명으로 가능하게 된 이 획기적인 생산 방식은 자동차뿐만 아니라 여러 공산품의 생산 방식에 혁신을 가져와 물질적 풍요를 안겨 주었어요. 구매와 소비, 여행 등 생활에 변화가 생겼고, 여행업, 운송업, 숙박업 등 새로운 산업이 발생해 사회와 산업에 전방위적인 영향을 끼쳤어요.

3차 산업혁명 : 컴퓨터와 인터넷 기반의 지식정보 혁명

1970년대에 등장한 전자 기술과 집적회로의 발달로 컴퓨터는 점점 더 복잡한 프로그램의 수행이 가능해져 인간의 계산이나 판단을 대신하면서 공장 자동화가 가속되었어요. 1992년 인터넷이 시작되면서 제3차 산업혁명이라고 불리는 지식 정보 혁명이 일어났어요. 더 이상 정보가 어느 한 사람, 한 장소의 전유물이 아니라 인터넷을 통해 어디에서나 얻을 수 있게 되어, 그 정보를 찾고 가공하고 활용하는 능력이 중요한 세상이 되었어요. 1, 2차 산업혁명이 물질 생산의 혁명, 즉 하드웨어의 혁명이라면 3차 산업혁명은 지식 정보, 즉 소프트웨어의 혁명이라고 말할 수 있어요.

4차 산업혁명 : 하드웨어와 소프트웨어의 융합 혁명

3차 산업혁명이 물질세계와 동떨어진 소프트웨어, 지식 정보 혁명이라면 2016년 처음 언급되기 시작한 4차 산업혁명은 3차 산업혁명에서 촉발된 지식 정보 혁명이 1, 2차 산업혁명에서 이룩한 물질 생산 혁명과 융합하여 물질 생산의 양과 질을 이전과는 완전히 다른 차원으로 더 높이게 되는 현상을 말해요. 기존의 대량 생산 체계가 새롭게 발달한 IT기술(사물 인터넷, 지능형 로봇, 빅데이터, 인공지능, 클라우드 컴퓨팅, 3D 프린팅, 자율주행 등)을 만나 이전에 경험하지 못한 훨씬 더 높은 생산성과 편리성을 가져오게 되는데 이것을 4차 산업혁명이라고 해요.

세계대전과 함께 발전한 자동차

1914년 발발한 제1차 세계대전은 이전의 어떤 전쟁과도 완전히 다른 양상의 전쟁이었어요. 이전의 전쟁이 적과 전선에서 서로 마주쳐 벌이는 형태였다면 이번 전쟁은 때마침 개발되어 이제 막 꽃을 피운 새로운 교통수단을 이용한 근대식 기계화 전쟁이었어요. 비행기는 이제 막 상용화가 시작되어 전투기를 이용한 공중전이 가능하게 되었고, 내연기관을 장착한 군함은 이전보다 훨씬 더 많은 물자를 싣고 넓은 지역을 이동할 수 있게 되었으며, 독일에서 발명한 잠수함은 바닷속까지 전쟁터를 넓혔어요. 게다가 포드 모델 T로 대중화를 시작한 자동차는 군용 트럭과 탱크로 변신하여 이전에는 상상할 수 없는 넓은 지역에다 바다와 하늘까지 아우르는 입체적인 전쟁이 되었지요.

전쟁이 발발하자 미국은 모델 T를 2만 대 가까이 유럽으로 보내 연합군의 기동력을 높여 주었고 각 나라는 앞다투어 자동차를 전쟁 필요에 맞추어 개발했어요. 가장 먼저 장갑차를 만든 나라는 영국이었어요. 철판으로 차체를 덮어 포탄에도 끄떡없는 탱크를 개발했는데 무엇보다 진흙탕에도 빠지지 않고 장애물을 쉽게 넘을 수 있는 무한궤도를 발명하였어요. 이내 다른 나라에서도 경쟁적으로 따라 했고, 독일에서는 총알에도 펑크가 나지 않는 통고무 타이어를 달았고 네 바퀴 모두에 동력을 전달하는 사륜 구동 시스템도 개발했어요.

자동차 회사들은 군용차나 군수용품 제작에 동원되었어요. 독일의 다임러와 벤츠는 군용차를, 항공기 프로펠러로 유명했던 독일의 BMW는 전투기 엔진을 만들어야 했어요. 프랑스의 르노는 탱크를, 푸조도 탱크와 군용 차량 등을 만들어야 했어요. 미국의 포드와 캐딜락도 항공기 엔진과 기계 부품을 만들었어요. 히틀러가 포르셰 박사에게 요청해 국민차로 개발한 '비틀'은 제2차 세계대전에서 독일의 군용차로 쓰였고, 제2차 세계대전 때 미군의 사륜 구동 군용 차량으로 개발된 지프는 한국전에서도 진가를 발휘했어요.

한편, 연합군과 동맹국은 더 빠른 전투기를 만들기 위해 폭이 좁고 힘이 센 엔진을 만드는 데 총력을 기울였어요. 엔진 폭이 좁으면 유선형 비행기를 만들 수 있어 같은 출력으로 더 빨리 갈 수 있다는 장점이 있어요. 이렇게 개발된

tip 겨울에도 얼지 않는 국민 자동차를 만들어라!

1933년 아돌프 히틀러는 당대 최고의 자동차 설계자 페르디난도 포르셰 박사를 불렀다. 히틀러는 1차 세계대전의 패망으로 실의와 굶주림에 빠져 있는 독일 국민들을 위해 국민 자동차를 만들라고 했다. 최고 속도 시속 100킬로미터에 1리터의 기름으로 12킬로미터는 달려야 하고 4명의 가족이 탈 수 있도록 실내가 넓고 정비도 쉬운 차를 1천 마르크 이하로 만들어 달라고 주문했다. 무엇보다 겨울에 엔진이 얼지 않는 차를 만들라고 강조했다. 당시 1천 마르크면 미국 돈 250달러에 해당했는데 그때까지 가장 저렴한 자동차 모델이었던 T1의 가격이 400달러 정도였으니까 히틀러의 요구는 엄청난 도전이었다. 3년 후, 포르셰 박사는 딱정벌레 모양의 자동차 6대를 히틀러에게 바치는데, 이렇게 탄생한 것이 바로 독일의 세계적인 명차 '폭스바겐 비틀'이다.

> **tip**
> ### 전쟁 후 복구사업이었던 최초의 자동차 도로, 아우토반
>
> 고속도로의 효시라 불리는 아우토반(Autobahn)은 자동차(Auto)와 길(Bahn)의 합성어로 최초의 자동차 전용 도로이다. 로마가 최초의 도시 간 연결도로인 로마 가도를 만들었다면 독일이 최초로 자동차 전용 도로를 만든 것이다. 히틀러는 1933년 정권을 잡은 후 당시 1차 세계대전 후 심각한 공황에 빠진 경제를 재건하고 실업자를 구제하는 동시에 군수 물자 수송을 원활하게 하기 위해 주요 도시를 연결하는 자동차 전용 도로를 건설하기 시작했다. 아우토반으로 인해 독일은 제2차 세계대전에서 효율적으로 군수 물자를 나를 수 있었고, 전쟁 후 자동차 수요가 폭발적으로 증가하면서 벤츠나 BMW, 폭스바겐 등의 독일 자동차 회사도 세계적인 기업으로 성장할 수 있었다.

엔진은 바로 자동차에 적용되어 1913년 처음으로 시속 200킬로미터를 넘었고 1930년에는 시속 300킬로미터를 넘는 자동차가 개발되었어요.

1918년 1차 세계대전이 끝나자 승전국인 미국과 프랑스 기업들이 가장 큰 혜택을 입었어요. 본토에서 전쟁을 치르지 않고 생산 기지로 기술 축적과 성장의 발판을 마련한 미국의 GM, 포드, 크라이슬러는 세계 최고의 자동차 회사로 거듭났고, 프랑스의 르노도 전쟁 후에 급격히 늘어난 버스와 트럭 수요로 유럽 최대 자동차 회사로 성장할 수 있었어요. 영국의 롤스로이스는 최고 수준의 항공기 엔진과 유체역학 기술을 활용하여 '재규어'를 만들어 최고급 스포츠카 시장을 석권하게 되었어요.

독일 또한 1차 세계대전 패전 후

항공기에 적용한 기술이 자동차로

세계대전으로 인해 각 나라는 비용과 효율성에 관계없이 최첨단 기술을 개발하고 항공기에 적용했다. 그 기술들은 전쟁 이후 자동차에 적용되기 시작했다.
- 1980년 개발되어 프랑스 미라지 전투기에 처음 사용되었던 전투기 앞유리에 항공 정보 및 레이더를 표시하는 장치인 HUD(Head Up Display)는 BMW가 처음으로 자동차에 도입한 이후 최근에는 많은 자동차에 장착되고 있다.
- 안전벨트는 전투기에서 조종사의 몸을 고정시키기 위해 1914년 처음으로 만들어졌다. 나중에 볼보 자동차에서 운전사의 안전을 위해 허리 양쪽으로 두 군데를 고정하는 2점식 안전벨트를 처음 자동차에 도입하고 나중에 3점식으로 확대 적용되었다.
- 전투기 조종사의 탈출 수단으로 개발된 전투기 조종석이 열리는 사출장치는 스웨덴 자동차 회사 사브가 처음으로 응용해서 선루프를 만들었다.

극심한 경제 공항을 겪었지만 다임러와 벤츠가 합병하여 위기를 극복해 나갔어요. 제2차 세계대전 패전 후 3년간 자동차 생산을 금지당하는 수모를 겪었지만, 세계적인 자동차 시장 확대의 기회를 이용해 오늘날 최고의 자동차 브랜드 '다임러 벤츠'로 발전하게 되었어요. 한편, BMW는 독일의 제2차 세계대전 패전 후 군수 산업을 할 수 없도록 금지되어 모터사이클과 자동차에 뛰어들었어요.

일본의 도요타는 세계 최대의 섬유 수출국이었던 영국이 1차 세계대전으로 섬유 수출이 위축되자 방직기술을 도입하여 큰돈을 벌었어요. 그 후 일본은 제2차 세계대전 패전국으로 심각한 경제 위기에 처했고 도요타도 도산의 위기를 맞았으나 한국전쟁이라는 재기의 기회가 생겼어요. 한국전에 참전한 미국이 군용 차량의 보급을 원활하게 하기 위해 도요타와 닛산에 자동차 제조 기술을 전수해서 납품하게 했던 거예요. 한국전 이후 도요타와 닛산은 자체적으로 자동차를 생산하여 일본은 물론 세계적인 자동차 회사로 성장하게 되었어요.

세계를 연결하는 대륙 횡단 철도

리버풀-맨체스터 사이에 처음으로 개통된 철도는 1845년 약 3000킬로미터에서 1855년에는 13000킬로미터로 10년 만에 4배 이상 늘었고 유럽을 거쳐 미국까지 확산되었어요. 철도의 발명과 발전은 산업혁명이 영국 내에서만 머무르지 않고 전 유럽과 세계로 빠르게 확산될 수 있게 했어요. 영국을 비롯한 여러 나라들은 자국과 식민지에 경쟁적으로 철도를 건설해서 식민지의 물자를 빠른 속도로 본국으로 가져왔어요. 철도를 놓는 데는 우수한 철로

> **tip**
>
> **기차는 언제부터 땅 밑으로 다니기 시작했을까?**
>
> 영국에서 기차와 철도산업이 발달하면서 런던 근교에 사는 사람들이 런던으로 출퇴근하게 되었고 좀 더 많은 사람들이 시내에서 빠르고 편하게 이동하는 수단이 필요하게 되었다. 가장 좋은 방법은 시내에 철도를 설치하는 것인데 땅값이 비싸고 마차와 자동차, 인파로 가득 찬 지상에 철도를 놓는 것은 불가능했다. 그래서 생각해 낸 것이 땅굴을 파서 기차가 다니게 하자는 것이었는데, 런던 시의원 찰스 피어슨의 제안으로 마침내 1863년 최초의 지하철이 런던 시내 6.3킬로미터 구간에 완공되었다. 기차가 지날 수 있는 최소한의 공간만 동그랗게 파서, 런던의 지하철을 튜브라고 부른다고 한다.

가 핵심인데 철강 강국 영국은 철도가 전 세계적으로 확장되면서 철로를 수출해서 막대한 이익을 챙겼지요.

철도의 확산으로 가장 큰 혜택을 입은 사람은 영국의 노동자라는 재미난 이야기가 있어요. 열악한 환경에서 일하던 공장 노동자들은 감자밖에 먹을 것이 없어 질릴 대로 질렸고 영양 상태도 좋지 않았는데, 마침 한 가게에서 기차를 이용해서 바닷가의 신선한 생선을 내륙까지 가져와서 감자와 함께 튀겨 팔았던 거지요. '피시 앤 칩스'라고 크게 간판에 쓰고 판매하자 날개 돋친 듯이 팔리기 시작했는데, 이때부터 영국 어디서나 먹을 수 있는 대표 음식이 되었다고 해요.

영국의 철도에 자극을 받은 독일도 철도 건설에 뛰어들었어요. 당시에 독일은 통일되지 않은 공국체제였는데 남부 바이에른 공국의 루트비히 왕은 바이에른 공국에서 가장 통행량이 많았던 뉘른베르크와 퓌르트 사이를 연결하는 철도를 건설하고 자신의 이름을 따서 '루트비히스반(Ludwigsbahn)'이라고 불렀어요. 루트비히스반의 성공을 목격한

다른 공국들도 앞다투어 철도를 건설하기 시작해서 1870년 무렵엔 독일 내 여러 도시들이 철도로 연결되고 많은 물자가 이동하게 되었어요. 공국의 경계를 건널 때마다 관세를 물어야 했는데 이로 인한 비용 상승 등 다양한 문제를 해결하기 위해 여러 공국들은 관세 동맹을 체결하게 되고 마침내 1871년 18개 공국이 연합하여 독일제국을 만드는 기초가 되었어요.

1862년 남북전쟁이 한창이던 미국에서는 링컨 대통령이 서부 프런티어 미개척지에서 5년간 거주하면 20만 평을 공짜로 준다는 홈스테드(Homestead) 법을 제정했어요. 당시 남부는 노예제도를 통해 면화 농장 등의 농업 기반 경제를 유지하고 있었는데, 이들 노예의 이탈을 촉진하고자 하는 속셈도 있었던 것 같아요. 이 법의 제정으로 미국에서는 물론 때마침 경제 불황이었던 유럽에서 굶주림에 지친 사람들이 아메리칸 드림을 품고 몰려왔어요. 이들 이주민 덕분에 서부 개척이 시작되었고 서부에 사람들이 많이 살게 되면서, 동서를 연결하는 교통 인프라의 필요성이 대두되었어요.

1862년 링컨 대통령은 유타주를 경유하는 중부 노선으로 대륙을 횡단하는 철도를 건설하기로 결정하고 건설회사로 센트럴 퍼시픽 철도와

유니언 퍼시픽 철도 두 회사를 선정했어요. 센트럴 퍼시픽은 서부에서 동부로, 유니언 퍼시픽은 동부에서 서부로 철도를 깔도록 했지요. 서부에서는 중국인 노동자들이, 동부에서는 아일랜드 노동자들이 많은 기여를 하였는데, 선로를 많이 부설할수록 정부의 보조금과 선로 주변의 땅도 더 많이 받는 조건이어서 두 회사는 치열하게 경쟁을 벌였어요. 동서에서 건설해 온 철로는 1869년 7년 만에 유타주에서 만났어요. 정치인들과 두 회사의 경영진, 그리고 수많은 노동자들이 모여 동서 철도의 연결을 상징하는 골든 스파이크(황금 못)를 박는 행사가 진행되었어요.

 대륙 횡단 열차의 개통으로 바다를 돌아오면 6개월 걸렸던 대륙 간 이동이 일주일로 단축되었고, 철도와 전신선도 함께 개통되어 워싱턴의 소식이 서부까지 가는 데 하루도 걸리지 않게 되었어요. 하지만 횡단 철도 건설 과정에서 비극도 발생했어요. 유럽인들은 아메리카 대륙을 신대륙

협궤와 광궤는 왜?

표준궤라고 불리는 오늘날 대부분의 철도에서 적용하고 있는 철로의 폭은 조지 스티븐슨이 1829년 맨체스터-리버풀 경주대회에 우승할 때의 철로 폭인 1435밀리미터이다. 그런데 모든 나라가 표준궤를 사용하는 것은 아니고, 표준궤보다 좁거나 넓은 철로를 사용하는 나라가 있다. 표준궤보다 좁으면 협궤, 넓으면 광궤라고 하는데 각기 역사적인 유래가 있다.

나폴레옹 시대에 프랑스가 철도를 통해서 대량의 물자와 군대를 동원해서 공격해 오자 침략을 막기 위해 스페인과 러시아는 표준궤보다 넓은 광궤로 철도를 깔았다 영국은 식민지인 인도에 철도를 깔면서 더 많은 물자를 수송하기 위해 주된 철도에는 광궤를 채택하고 지선이나 산간 지방에는 비용이 적게 드는 협궤를 채택했다. 산악 지형이 많은 일본도 협궤를 채택했지만 고속철도에는 표준궤를 채택하고 있다. 우리나라도 일부 구간에 협궤가 있었지만 지금은 모든 구간에서 표준궤를 적용하고 있다.

이라 했지만 거기에는 이미 인디언이라고 불렸던 원주민들이 살고 있었어요. 철도가 건설됨에 따라 인디언들은 삶의 터전을 잃고 북군은 이들을 철저히 살육하고 삶의 터전을 모조리 파괴하고 인디언 보호 구역을 설치하여 강제로 이주하여 살도록 했어요.

tip 로비스트라는 말은 언제부터?

센트럴 퍼시픽(CP)과 유니언 퍼시픽(UP)의 경영진들은 조금이라도 더 많은 보조금과 이권을 확보하기 위해 워싱턴 정가의 정치인들을 설득하는 데 공을 많이 들였다. 특히 백악관 바로 근처의 윌러드 호텔 로비에는 두 회사의 경영진들이 정치인들을 만나기 위해 항상 대기하고 있었는데, '호텔 로비에서 어슬렁거리는 사람'이라는 의미에서 로비스트라는 말이 처음 나왔다.

한편, 유럽과 미국 대륙 횡단 철도 개통 소식을 들은 러시아의 황제 알렉산드르 3세는 모스크바에서 시베리아를 건너 우랄산맥 동쪽의 블라디보스토크를 잇는 시베리아 횡단 철도(TSR) 건설을 구상하기 시작했어요. 크림 전쟁이 끝나 국고는 바닥난 상태였고, 버려진 땅 시베리아를 거쳐 머나먼 극동까지 철도를 연결해야 할 필요성을 느끼지 못한 대신들은 모두 반대하였지만 황제는 철도 건설을 추진하였어요. 청나라가 러시아 극동 근처까지 철도를 부설할 계획이라는 것을 알았고, 극동의 일본과 전쟁에서 원활한 보급로 확보를 위해 반드시 필요하다고 생각했어요.

마침내 1916년 길이 9334킬로미터에 달하는 시베리아 횡단 철도가 개통되어 7박 8일 만에 모스크바에서 블라디보스토크까지 갈 수 있게 되었어요. 블라디보스토크는 대륙 횡단 철도로 극동에서 대륙으로 향하는 입구가 되어, 횡단 철도 개통 후 5년 만에 물동량(물자가 이동하는 양)이 30배나 증가했어요.

철도가 미친 영향

철도가 처음 보급되기 시작했을 때 마차 소유주, 마부, 역마차 여관 등 기존의 교통수단과 관련된 사람들이 반대했어요. 그러나 싼 가격에 많은 사람과 물자를 빠르게 수송할 수 있는 철도는 엄청난 속도로 확산되어 갔어요. 철도가 확산되어 많은 사람과 물자가 빠르게 이동할 수 있게 되자, 이러한 변화에 적응하기 위한 노력들에 의해 많은 변화가 생겨났어요.

우선, 식료품을 빠르게 대량으로 수송할 수 있게 되었어요. 바닷가에서만 먹던 생선을 내륙의 도시로 신선하게 가져올 수 있게 되었고, 뉴욕과 같은 대도시에서는 신선한 우유를 마시기 위해 시내에서 키웠던 젖소 농장을 폐쇄하고 시외로 옮기게 되었어요. 산업혁명 초기에 공장 노동자들은 일터와 가까운 공장의 근처 열악한 환경에서 살았는데, 기차가 생기면서 도심 외곽의 저렴한 곳에 거처를 두고 일터로 출퇴근을 할 수 있게 되어 삶의 질도 높아졌어요.

또한 철도를 이용해 수백 명의 사람들이 한꺼번에 타고 내릴 수 있게 되자 역 주변에 호텔과 같은 숙박업소, 투숙객들이 먹고 마시는 식당과 펍, 극장 등의 유흥시설이 생겨나서 새로운 상권이 형성되었어요. 여행객들은 더 이상 근처에 집을 빌릴 필요 없이 자신의 경제적, 사회적 수준에 맞는 호텔에

묶게 되고 호텔업과 같은 새로운 산업이 생겨났어요.

철도가 발달하면서 물류와 교역의 범위가 집 근처를 벗어나 다른 나라까지 확산되자 봉건 시대처럼 집 근처와 마을에서 자급자족하던 것에서 벗어나 특정 상품에 집중하는 것이 가능하게 되었어요. 예를 들면 스위스에서는 높은 고산지역에서 농사를 짓기보다는 시계와 같은 정밀 기계 공업에 집중해서 세계적인 경쟁 상품으로 만들었고, 네덜란드는 유제품과 화훼, 덴마크는 베이컨과 버터와 같은 유제품에 특화해서 영국까지 수출하는 것이 가능하게 되었어요.

철도의 발달은 신분 계급 체계에도 영향을 주었어요. 이전에 농민 계급이었던 사람들이 공장과 도심에 근무하게 되면서 임금 노동자가 되었고, 이들을 고용한 자본가들은 새로운 지배 계급으로 부상하여 기존의 토지를 중심으로 한 봉건 영주 세력을 무너뜨리고 근대 자본주의의 새로운 지배 세력으로 등장하게 되지요.

철도가 물류 발달에 획기적으로 기여하고 장거리 여행 등 생활의 변화를 가져오는 긍정적인 측면이 많지만, 한편으로는 식민지 수탈에도 최고의 수단으로 이용되었어요. 설탕, 커피와 차, 곡물, 포도주, 석탄 등과 같은 식민지의 자원들은 철도를 통해 훨씬 대량으로 신속히 운반할 수 있게 되어 현지의 광산과 목초지, 삼림은 이전보다 훨씬 더 빠른 속도로 무분별하게 훼손되기도 했어요.

고속철도의 무한 경쟁

19세기에 등장해서 20세기 초까지 물류의 중추적인 역할을 담당했던 철도는 제2차 세계대전 이후 자동차에게 교통수단의 왕자 자리를 넘겨주었어요. 발달한 자동차와 잘 포장된 도로, 게다가 제2차 세계대전 이후 전 세계적으로 불어온 개인주의의 바람으로 개인이나 가족 단위로 원하는 곳을 갈 수 있는 자동차가 훨씬 매력적인 교통수단이 되었지요. 또한 비행기의 발달과 대중화로 먼 거리 여행에는 비행기와 경쟁하기가 어려워졌어요.

하지만 철도는 고속철도를 선보이면서 다시 한 번 자동차, 비행기와 경쟁하고 있어요. 고속철도가 시속 250킬로미터 이상으로 달릴 수 있게 되면서 자동차의 운전과 주차 문제, 비행기의 수속과 공항에서 도심까지 이동하는 데 걸리는 시간 문제 등을 고려할 때 도시 간 이동에서는 매력적인 교통수단이 될 수 있거든요. 또한 한 번에 많은 사람과 물자를 이동할 수 있다는 철도의 장점 때문에 공사비가 많이 든다는 단점에도 불구하고 여러 나라에서 고속철도를 개발하고 있어요.

일본은 1964년 도쿄 올림픽을 대비해서 도쿄와 신오사카를 연결하는 신칸센을 최초로 개통하면서 자동차, 비행기와의 경쟁에서 밀리고 있던 철도에 새로운 가능성을 제시했어요. 특히 시속 210킬로미터의 속도로 도시와 도시를 연결하는 신칸센은 전 세계에 고속철도 개발의 붐을 일으켰고 지금도 최고의 안전성과 정숙한 주행성을 자랑하고 있어요.

일본 신칸센에 자극을 받은 프랑스는 1981년에 파리와 리옹을 연결하는 410킬로미터 구간에 TGV(테제베)를 개통했어요. 특히 파리-니스 구간에서는 비행기와 치열하게 경쟁하고 있어요. TGV는 개통할 때부터 최고 속도 시속 260킬로미터를 달성하였고, 1997년에는 세계 최초로 300킬로미터를 돌파했고, 2007년에는 시속 574.8킬로미터를 달성해 현재까지 가장 빠른 기록을 가지고 있어요. 프랑스는 런던과 파리를 잇는 고속철도 유로스타를 비롯해 중국, 스페인, 한국, 모로코 등 가장 많은 나라에 TGV의 기술을 판매하고 있어요.

독일의 고속철도 ICE(이체에)는 1991년 처음으로 개통했는데, 일본이나 프랑스와 경쟁하기 위해 회전할 때 차체를 기울이는 틸팅 기술을 적용하는 등 유럽 전역에 빠르게 확산해 나갔어요. 1998년 승객 101명이 사망하는 고속철도 사상 최악의 사고로 몇 년간 침체기를 겪기도 했지만, 평균 속도가 유럽 전체에서 가장 빠르고 일반 선로에서도 시속 200킬로미터 이상 달릴 수 있다는 장점 때문에 스페인, 중국, 미국, 러시아 등에 기술을 수출하고 있어요.

중국은 처음에는 자체 기술로 고속철도를 개발하려 했지만 결국 일본, 프랑스, 독일의 기술을 받아들여 2008년 베이징-톈진 구간에 고속철도를 처음으로 개통했어요. 비록 시작은 한국보다 늦었지만 광활한 국토와 세계 최대의 인구를 가진 중국은 거대한 내수시장을 바탕으로 빠른 속도로 고속철도를 확대해 나가면서 세계 최장의 고속철도망을 가지게 되었어요. 중국은 풍부한 고속철도 부설 및 운행 경험을 쌓아 터키, 모스크바, 미국 등에서 고속철도를 수주했고 뉴질랜드, 러시아, 남아프리카공화국, 말레이시아, 싱가포르 등에도 철도 차량을 수출하는 등 세계 고속철도 시장을 장악하고 있어요.

  우리나라의 고속철도 KTX(케이티엑스, Korea Train eXpress)는 2004년 프랑스로부터 기술 이전을 받아 개통해서 나중에 국산화했어요. 처음 개통했을 때에는 서울–부산을 잇는 경부선만 있었는데 2015년 오송–광주 송정 구간이 개통되어 호남선도 완전한 고속철도가 다니게 되었어요. 2016년에는 수서역에서 출발하는 SRT(에스아르티, Super Rapid Train)가 신설되어 서울의 강남권과 동탄 등 신도시에서도 편리하게 고속철도를 이용할 수 있게 되었어요. 국내 기술로 개발한 차세대 고속열차 '해무'는 시속 430킬로미터의 속도로 서울에서 부산까지 1시간 30분 만에 갈 수 있어요. 앞쪽과 뒤쪽의 전동차에만 엔진이 있는 기존의 동력 집중식 열차와 달리 해무는 전동차마다 엔진을 장착하는 동력 분산식 기술을 적용했어요. 해무의 개발로 우리나라는 세계에서 네 번째로 시속 400킬로미터를 달성한 나라가 되었답니다.

터널 공사의 역사

세계에서 가장 오래된 터널은 유프라테스 강을 건너는 바빌론 터널인데 강을 가로질러 도랑을 파고 내벽을 벽돌로 두르고 천연 아스팔트와 역청으로 방수 처리를 했다. 로마 시대에도 단단한 바위를 40미터나 파서 만든 플라미니아 가도의 푸를로에 터널이 있다. 현재에도 응용하고 있는 터널 기술을 최초로 적용한 터널은 런던의 템스강을 가로지르는 템스 터널이다. 당시에는 강 밑의 수압을 견딜 수 있는 해저터널 기술이 없었는데, 이 터널을 완공할 기술을 생각해 낸 사람은 마크 브루넬과 토머스 코크런이었다. 두 사람은 배좀벌레조개가 나무에 구멍을 뚫을 때 석회 같은 물질을 뿜어내서 굴의 내벽을 단단하게 만드는 것을 보고 영감을 얻어 터널을 조금씩 파내면서 나무판으로 막고 뒤쪽에서는 벽돌이나 콘크리트로 벽을 바르면서 터널이 무너지지 않도록 했다. 이 방법으로 건설된 인류 최초의 해저터널은 1843년 완공된 이후 지금까지 끄떡없이 사용되고 있다.

세계에서 가장 긴 터널은 스위스 남부의 알프스를 관통하는 57.09킬로미터 길이의 고트하르트 베이스 터널로, 1999년 착공해서 2015년 전 구간이 개통되었다. 우리나라에서는 가장 긴 터널은 2015년에 SRT 수서역에서 지제역까지 50.3킬로미터 전 구간을 지하로 개통한 율현터널인데, 세계에서는 3번째로 긴 터널이고, 고속철도용 터널로는 가장 길다.

조선 산업의 역사와 조선 강국 대한민국

1588년 프랜시스 드레이크의 영국 함대가 스페인의 무적함대 아르마다를 무찌른 후 영국은 대영제국의 확장과 함께 사실상 세계 바다의 왕자로 군림했어요. 1769년 제임스 와트가 증기기관을 발명한 후 증기선도 영국에서 처음으로 탄생하면서 영국은 바다의 왕자 자리를 굳건히 지켰고, 증기선이 디젤엔진으로 바뀌면서도 영국은 타이타닉호와 같은 세계 최고의 유람선을 만들면서 세계 조선 산업의 리더 자리를 지켰어요.

제1, 2차 세계대전 때 영국에서는 군함을 만들기 위해 유럽 본토에서 가장 먼 북부 영국과 스코틀랜드 쪽에 조선소를 지어 미국 등 연합군과 함께 승리했지요. 하지만 전쟁이 끝난 후 상황은 달라지기 시작했어요. 전쟁을 위해 건설한 많은 조선소와 선박들이 전쟁이 끝난 후에는 수요가 줄어들면서 필요가 없어졌고, 전쟁 후 수요가 늘어나는 유조선, 컨테이너선과 같은 선박을 제조하기에는 반세기 전 노동 집약적 방식으로 지어졌던 영국의 조선소는 경쟁력이 떨어졌어요. 게다가 이전까지 대형 조선소가 없었던 북유럽이나 대서양의 나라들이 현대식 조선소를 짓기 시작하면서 스코틀랜드와 같이 유럽 본토와 멀리 떨어진 곳에 조선소를 건설한 영국은 점점 경쟁력을 잃어 갔어요.

이러한 제2차 세계대전 후의 세계 조선업계의 변화에 일본이 등장하기 시작했어요. 일본도 마찬가지로 전쟁을 위해 건설했던 조선소와 선박들이 전쟁이 끝난 후 필요 없어지기는 했지만 미국의 전폭적인 지원과 한국전쟁 등을 기회로 빠른 속도로 조선업이 발전했어요. 제1, 2차 세계대전을 통해 축적한 기술과 상대적으로 낮은 임금의 노동력, 그리고 정부의 전폭적인 지원으로 일본의 조선업은 1950년대 이후 폭발적으로 성장했어요.

그런데 1973년과 1978년 1, 2차 오일 쇼크가 발생하면서 세계 조선업계에 커다란 위기가 찾아왔어요. 오일 쇼크로 석유 값이 열 배 이상 오르면서 세계 여러 나라들은 심각한 물가 상승과 마이너스 성장을 겪게 되었어요. 이로 인해 선박 수요가 줄어들면서 전 세계 조선업계는 심각한 공급 과잉으로 위기를 겪게 되었어요. 세계 조선업 1위였던 일본도 심각한 위기에 직면했고 이를 극복하기 위해 정부 주도로 조선업의 규모를 줄이고 핵심 인력을 정리하는 등 대대적인 구조 조정을 했어요. 그 결과 일본 젊은이들은 조선업을 사양 산업으로 기피하게 되었고, 조선업에서 핵심인 설계 인력의 부족과 노동자들의 고령화는 앞으로도 일본이 다시 조선업에서 경쟁력을 되찾는 데 걸림돌이 되고 있어요.

제2차 세계대전과 6.25 전쟁을 겪으면서 어렵게 성장해 오던 한국은 1960년대 초 경제 개발 5개년 계획으로 석유화학 산업 등의 공업이 발전하면서 수입, 수출이 늘게 되었어요. 그 결과 해외와의 물동량이 늘어나게 되었는데 대형 컨테이너선이나 탱커가 없던 우리나라는 외국 배에만 의존하다가 조선업을 육성하기 시작했어요. 최초로 거대 조선소를 건설

한 현대조선은 정부의 전폭적인 지지로 100만 톤급 유조선을 건조할 수 있는 세계 최대의 조선소를 짓게 되었어요. 1970년대에 오일 쇼크로 일본 등 선진국에서 설비를 줄이는 사이 우리나라는 가격 경쟁력과 정부 지원을 무기로 조선소를 늘려 나갔고 마침내 1980년 이후 한국은 조선업 세계 1위의 자리를 차지하게 되었어요.

하지만 1990년대부터 중국이 폭발적인 경제 성장에 따른 내부 수요를 바탕으로 무섭게 따라오기 시작했어요. 값싼 노동력, 중국 선주들의 일감 몰아주기, 그리고 정부의 전폭적인 지지로 마침내 2011년 1위 자리에 올랐어요. 그런데 최근에 좀처럼 탈환하기 힘들 것 같은 1위 자

"우리가 거북선을 만든 민족이오!"

1971년 현대그룹 정주영 회장이 세계 최대의 조선소 계획을 발표했을 때 모두들 미쳤다고 했다. 정회장은 조선소를 지을 바닷가 사진과 외국에서 얻은 유조선 설계도 한 장을 들고 영국의 바클레이 은행에 차관을 요청하기 위해 영국으로 날아갔다. 차관을 받기 위해 영국의 유명한 선박 컨설팅 회사인 A&P 애플도어의 롱바텀 회장에게 추천서를 요청했다. 조선소 건설 경험도 없고 배를 만들어도 사겠다는 선주도 없이 빌린 설계도만 달랑 들고 온 정회장에게 롱바텀은 추천서 써 주기를 거절했다. 그때 정회장은 주머니에서 당시 500원짜리 지폐 뒷면의 거북선 그림을 보여 주면서 한국은 영국보다 300년 앞선 1500년대에 철갑선을 만들어 수백 척의 일본군을 무찔렀다고 알려 주었고, 그의 말에 감동한 롱바텀 회장은 추천서를 써 주었다고 한다. 이 추천서 덕분에 차관을 받을 수 있었고 당시 세계 최대의 현대미포조선소를 지을 수 있었다.

리를 2018년 말에 한국이 되찾아 왔어요. 부가가치가 높은 액화 천연가스(LNG) 운송선, 초대형 유조선 등의 수주를 독식했고, 낮은 가격으로 많은 물량을 수주했던 중국 선박의 품질이 떨어져 신뢰를 잃었기 때문이에요. 또 지난 10년 사이 중국의 인건비가 많이 올라 이전과 같이 저임금을 통한 가격 경쟁력을 유지할 수 없게 된 탓도 있어요.

7년 만에 우리나라가 선박 수주 1위 자리를 되찾아 왔지만, 앞으로의 경쟁은 더욱 치열할 전망이에요. 앞으로도 경쟁력을 계속 유지하기 위해서는 설계 인력 등의 핵심 인력을 지속적으로 양성하고 크루즈선, 요트와 같은 레저 선박과 해양플랜트, 쇄빙 LNG 운송선, 드릴십(원유 시추선) 등의 고부가가치 선박과 선박 해체 및 심해 잠수정 등의 미래 조선 개발에 역량을 집중해야 해요. 또 앞선 정보통신 기술을 적극적으로 조선업에 활용하면 경쟁력을 더 높일 수 있을 거예요.

선박의 종류와 구분

　선박은 사용 목적에 따라 크게 상선, 어선, 군함, 특수 작업선으로 나눌 수 있어요. 각 선박의 특징을 차례대로 살펴봐요.
　먼저, 상선은 여객이나 화물을 운반하는 상업적인 목적으로 운행하는 선박이에요. 여객선은 사람을 주로 운송하는 상선으로, 객실, 식당, 편의시설 등을 갖추고 있지요. 페리선은 승객을 한 곳에서 다른 곳으로 운송하는 것이 목적인 여객선이에요. 크루즈선은 일정 기간 여행을 목적으로 승객을 태우고 극장, 카지노, 수영장, 테니스장 등 편의시설을 갖추고 운항하는 여객선이에요. 선박 건조 기술 이외에 호텔 수준의 안락감과 고급스러움, 그리고 카지노, 극장 등과 같은 다양한 편의시설을 갖추어야 하므로 가장 건조하기 어려운 고부가가치 선박이지요.
　화물선은 화물을 실어 나르는 상선으로, 운송 화물은 그 종류에 따라 건화물(dry cargo)과 유손화물(wet cargo)로 구분돼요. 건화물을 나르는 화물선에는 벌크선과 컨테이너선 등이 있어요. 벌크선은 곡물, 석탄, 광석 등을 포장하지 않고 그대로 싣고 운송하는 선박이에요. 유손화물을 나르는 화물선에는 원유를 운반하는 유조선, 화학제품 운반선, LNG선 등이 있어요.

어선은 고기잡이를 하는 배예요. 여러 배가 선단을 이루어 조업을 할 경우 일반적으로 아래와 같이 구분할 수 있어요.

- 어로선 : 단독 또는 선단에서 어구(고기잡이에 쓰는 여러 가지 도구)를 갖추고 어로를 직접 담당하는 선박이에요.
- 공모선 : 여러 척의 어로선에서 잡은 수산물을 해상에서 가공 처리하는 선박이에요.
- 그물배 : 넓은 지역에 그물을 설치하거나 회수하기 위해 그물을 끄는 고속선이에요.
- 어탐선 : 어군 탐지기를 탑재하고 넓은 지역을 다니면서 고기 떼의 위치를 탐색하는 배예요.

군함은 해군에 소속되어 있는 군사 목적의 선박으로, 전투에 참여하는 모든 배를 가리켜요. 대표적인 군함들을 살펴볼게요.

- 전함 : 강력한 화력으로 함대를 선도하는 함정이지만 기동력이 떨어지는 단점이 있어요. 항공기가 등장한 제2차 세계대전 중에는 항공기의 집중 폭격을 받았어요. 현대전에서는 항공모함의 등장으로 더 이상 건조하고 있지 않아요.
- 순양함 : 전함보다 빠른 기동력과 구축함보다 우수한 전투력을 지닌 큰 군함이에요. 함대 방어와 순찰 임무를 수행하는 함정으로, 전함보다 화

력은 작으나 기동력을 가지고 있어서 대잠수함전과 대함전을 수행할 수 있어요.
- 구축함 : 어뢰 공격으로 적의 주력함이나 잠수함을 공격하는 작고 날쌘 군함이에요. 항공기나 잠수함으로부터 아군의 함대를 보호하고 신속하게 이동하여 적을 교란하는 게 목적이에요.
- 항공모함 : 비행기가 이착륙할 수 있는 갑판과 격납고(항공기를 넣어 두고 정비하는 건물) 등을 갖춘 군함이에요. 항공모함이 있으면 육상 기지에서 멀리 떨어진 지역에서도 항공기를 이용한 작전 수행이 가능해지기 때문에 현대 해군의 전략과 전술에 핵심이 되는 함정이에요.
- 잠수함 : 물속에서 항해하는 전투 함정으로, 어뢰와 미사일로 적군을 공격해요. 음향 탐지 기술이 발달하지 않은 2차 세계대전 당시 많은 함정을 추격시켜 공포의 대상이 되었어요. 예전에는 디젤엔진과 같은 내연기관 추진 방식이었는데 이제는 핵 추진 방식으로 바뀌고 있어요.

특수 작업선은 말 그대로 일반 선박이 할 수 없는 특수한 작업을 하는 선박이에요. 수심이 깊거나 파도가 심해 해상 플랫폼을 설치할 수 없는 해상에서 원유나 가스를 시추하는 드릴십, 일반 선박이 항해가 불가능한 해역에 얼음을 파괴하여 선로를 열어 주는 쇄빙선 등이 특수 작업선이랍니다. 쇄빙선의 도움 없이 자체적으로 두꺼운 얼음을 깨고 극지 운항이 가능한 쇄빙 유조선도 있어요.

하루 만에 지구 반대편으로

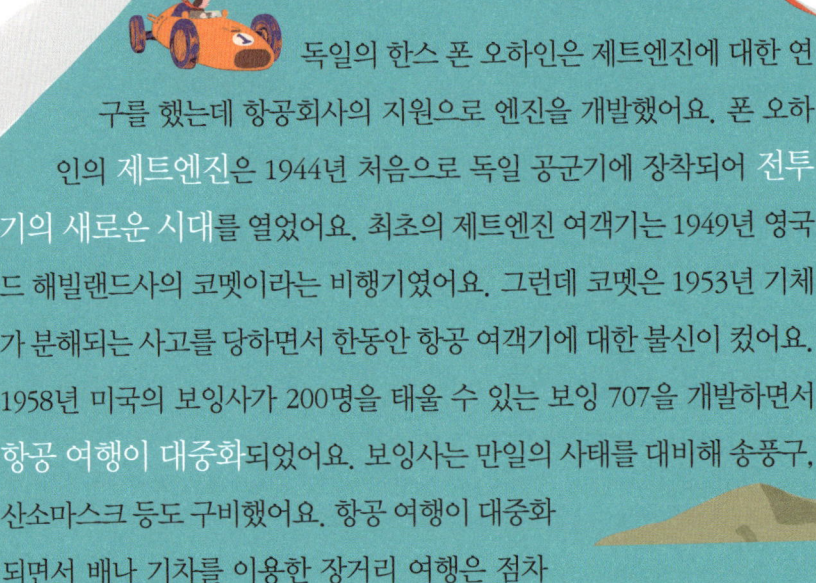

독일의 한스 폰 오하인은 제트엔진에 대한 연구를 했는데 항공회사의 지원으로 엔진을 개발했어요. 폰 오하인의 제트엔진은 1944년 처음으로 독일 공군기에 장착되어 전투기의 새로운 시대를 열었어요. 최초의 제트엔진 여객기는 1949년 영국 드 해빌랜드사의 코멧이라는 비행기였어요. 그런데 코멧은 1953년 기체가 분해되는 사고를 당하면서 한동안 항공 여객기에 대한 불신이 컸어요. 1958년 미국의 보잉사가 200명을 태울 수 있는 보잉 707을 개발하면서 항공 여행이 대중화되었어요. 보잉사는 만일의 사태를 대비해 송풍구, 산소마스크 등도 구비했어요. 항공 여행이 대중화되면서 배나 기차를 이용한 장거리 여행은 점차 비행기로 바뀌고, 해외여행이 보편화되었어요.

한편, 비행기는 한 번에 더 많은 승객을 더 빨리 운송하기 위해 계속 발전하고 있어요. 보잉 707이 200명을 태울 수 있었는데 보잉 747은 최대 524명을 태울 수 있고, 2013년부터 운항을 시작한 에어버스의 A380은 최대 840명까지 태울 수 있는 현재까지 가장 큰 여객기예요.

더 빨리 승객을 나르려는 노력으로 1976년에는 영국, 프랑스가 공동으로 개발한 최초의 초음속 여객기 콩코드가 등장했어요. 음속의 2.5배인 마하(mach) 2.5의 속도로, 일반 비행기로 7시간 걸리는 파리와 뉴욕을 3시간 남짓이면 주파하는 콩코드는 부유함의 상징으로 여겨질 만큼 비싼 가격에도 불구하고 인기가 좋았어요. 그런데 음속을 돌파할 때 생기는 폭발음인 소닉붐 현상 때문에 대서양 횡단에만 취항할 수밖에 없어 결국 보편화되지 못하고 역사 속으로 사라지고 말았어요.

하지만 초음속 비행을 위한 노력은 최근 다시 시작되어 소닉붐이 기존보다 1000분의 1 정도로 적고 속도 마하 5의 극초음속 비행기를 개발하고 있어요. 이 극초음속 비행기가 상용화되면 현재 13시간 이상 걸리는 베이징에서 뉴욕까지의 거리를 2시간이면 날아갈 수 있어요. 최근에 초음속 항공기 개발의 특징은 단순히 무소음 속도 경쟁만 하는 게 아니라 안전성과 경제성을 갖춰 다가올 초음속 항공 여객 시장을 차지하려고 경쟁하고 있다는 점이에요.

환경과 목적에 따라 다양한 교통수단

이 세상에 가장 좋은 단 하나의 교통수단은 없어요. 나라마다 지역마다 또 시대에 따라 가장 경제적이고 편리한 교통수단은 그때 그 장소와 상황에 가장 맞는 교통수단이 되는 거죠. 예를 들면 증기기관이 발명되기 전까지, 말이나 소는 수천 년 동안 가장 많이 사용되는 이동 수단이었어요. 그런데 증기기관이 발명되고 증기기관차가 나오면서 순식간에 사라지고 기차는 장거리 교통수단에 가장 중요한 자리를 차지했고, 전 세계에는 철도 붐이 일어났어요. 증기기관은 백 년도 못 가서 내연기관으로 대체되고 증기기관차는 어느새 모두 디젤기관차로 대체되었어요.

하지만 기차의 시대도 불과 50년을 가지 못했어요. 제2차 세계 대전 이후 자동차가 대중화되고 비행기가 하늘을 날아다니면서, 기차는 이전만큼 교통수단으로서 중요한 자리를 차지하지 못하고 있어요. 가까운 거리는 언제 어디든지 내가 원할 때 가족들과 이동할 수 있는 자동차에게, 먼 거리는 기차보다 훨씬 빠른 비행기에 승객과 화물을 빼앗기고 말았거든요. 하지만 기차는 고속철

도라는 새로운 기회를 만들어 냈어요. 시속 300킬로미터를 넘어 조만간 시속 500킬로미터에 육박하는 고속철도는 기차역이 도심 중앙에 있고, 수속이 편하며 저렴하다는 점 등 충분히 경쟁력이 있어요. 앞으로도 기존의 교통수단이 어떻게 변모할지, 또 어떤 새로운 교통수단이 나와서 경쟁 구도를 만들어 갈지 기대가 돼요.

한편, 같은 시대 같은 지역에서도 국민 소득이나 인식의 차이에 따라 가장 많이 사용되는 교통수단이 달라지기도 해요. 예를 들면, 동남아시아의 길거리에서는 오토바이가 구름 떼처럼 달려요. 신호등도 없는 교차로에서 오토바이가 아슬아슬하게 스쳐 지나가곤 하지요. 예전에는 자전거를 많이 탔었는데 공장들이 많이 들어서자 노동자들이 더 먼 거리를 출퇴근하게 되면서 오토바이가 급속도로 늘어났어요. 그런데 소득 수준이 더 높아지면서 점점 자동차가 늘어나고 있어요. 날씨나 자연환경이 비슷한 동남아시아 중에서도 미얀마, 베트남, 말레이시아, 싱가포르 등 소득 수준이 오르는 곳에서 자동차 비중이 높아지는 현상은 확인할 수 있어요.

사람들의 인식이나 정부나 지자체의 캠페인에 따라 교통수단이 결정되는 경우도 있어요. 비슷한 자연환경이나 경제 수준인 유럽에서도 유독 네덜란드나 독일에 가면 자전거를 타는 사람을 훨씬 많이 볼 수 있어요. 물론 두 나라가 스위스나 오스트리아보다 평평하고 산이 적어 자전거 타기에 유리하기는 하지만, 그보다는 네덜란드의 경우 오일 쇼크를 겪으면서 정부에서 자전거 타기를 장려했거든요. 건강에도 좋고 환경에도 좋은 자전거를 이용하자는 국민들의 인식이 더 크게 작용하는 것 같아요.

 이처럼 나라별로 각기 다른 환경에 따라, 또 목적에 따라 여러 가지 다양한 교통수단들이 발달했어요. 각 나라의 특징적인 교통수단을 한번 살펴볼까요.

필리핀 지프니, 인도네시아 앙콧, 태국 툭툭

 동남아시아에만 있는 이 독특한 교통수단들은 자동차를 만들 수 없는 나라에서 각각의 역사적인 배경으로 생겨났어요.

 제2차 세계대전 때 미군 기지가 있었던 필리핀은 전쟁 후 미군이 남겨 두고 간 지프차를 개조해서 '지프니'를 만들었어요. 지프차의 운전석은 그대로 두고 뒷자리를 트럭처럼 길게 만들어 15~20명까지 탈 수 있는 대중교통수단을 만든 거예요. 화려한 색과 장식이 특징인 지프니는 보통 남자

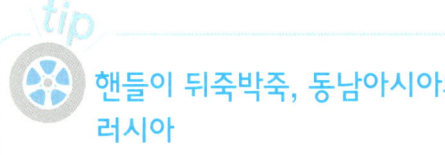

핸들이 뒤죽박죽, 동남아시아와 러시아

나라별로 정하는 기준에 따라 영국을 제외한 유럽과 미국, 중국, 한국 등은 자동차 핸들이 왼쪽에, 영국이나 일본 호주 등은 핸들이 오른쪽에 있어서 거기에 맞춰 도로도 설계되어 있다. 그런데 동남아시아의 일부 국가나 러시아 일부 지역에 가면 한 나라인데 핸들이 어떤 차는 왼쪽, 어떤 차는 오른쪽에 있는 경우가 있다. 이 지역은 자체적으로 차를 만들지 못해 해외에서 수입해 오기 때문인데, 특히 중고차의 경우 핸들 위치와 관계없이 수입해 와서 도로 상황과 맞지 않게 핸들이 오른쪽에 있는 차와 왼쪽에 있는 차가 섞여서 운행한다.

차장이 함께 타서 승객들에게 차비를 걷기도 하고 호객 행위를 하기도 해요.

인도네시아에서는 한국이나 일본 등 다른 나라에서 수입한 중고 승합차를 개조해서 '앙콧'이라는 미니버스를 만들었어요. 보통은 전면 유리창에 적혀 있는 출발지와 목적지 등 정해진 노선을 다니는 마을버스와 같은 개념인데 차장이 목적지를 외치면 방향이 맞는 사람들이 그때그때 타고 내리기도 하고 특별히 정거장이 없어서 원하는 곳에 내릴 수도 있어요. 미니 승합차를 보통 사용하는데 생각보다 훨씬 많은 사람들이 타고 내리는 걸 보면 깜짝 놀랄 수도 있어요.

오토바이를 개조해서 바퀴가 3개이고 보통 뒷좌석에 대여섯 명의 승객이 타는 '툭툭'은 시동을 걸면 툭툭 소리가 나서 붙은 이름이라고 해요. 태국이나 동남아시아에서는 '툭툭'이라고 하고 인도나 스리랑카에서는 '오토릭샤'라고도 해요. 동남아시아에서 '릭샤'는 원래 사람이 끄는 인력거의 일종이었는데, 점차 자전거로 바뀌면서 사이클릭샤로 바뀌었고 요즘에는 오토바이 엔진을 장착해서 오토릭샤라고 부른다고 해요. 단거리를 이동하는 데 택시처럼 사용하기에는 아주 편리해서 관광지에서 특히 많이 이용하는데, 타기 전에 목적지를 이야기하고 요금을 흥정하지 않고 타면 바가지를 쓸 위험이 많아요.

네덜란드 바이크 택시, 인도네시아 베칵, 베트남 시클로

이 세 가지는 모두 동력을 이용하지 않고 자전거를 변형해서 만든 것으로 보통 1~2인승 택시예요. 바이크 택시는 자전거의 천국 네덜란드에 가면 볼 수 있는데 특히 암스테르담 관광지에 가면 오렌지색으로 예쁘게 지붕을 씌운 바이크 택시를 볼 수 있어요.

인도네시아의 베칵과 베트남의 시클로는 자전거를 개조해서 뒷바퀴가 1개이고 앞바퀴 2개인 역삼륜 자전거 구조인데, 운전사가 뒤에서 운전하

고 승객은 앞의 경치를 즐기면서 갈 수 있어요. 베카은 화려한 장식과 칠을 주로 하는데 시클로는 그야말로 자전거의 모습이 그대로 드러날 정도로 소박한 게 특징이에요. 오토바이나 자동차가 발달한 요즘에는 두 가지 모두 관광지에서만 주로 사용되고 있어요.

베네치아 곤돌라, 시드니 수상택시

물의 도시라 불리는 이탈리아 베네치아에는 곤돌라를 비롯해서 세 가지의 수상 교통수단이 있어요. 정원이 6명이고 노를 저어 가는 곤돌라는 처음에는 장례용 배였는데 점차 베네치아를 상징하는 명물이 되었어요. 곤돌라는 모두 검정색인데, 귀족들이 부를 과시하기 위해 곤돌라를 지나치게 화려하게 치장하자 16세기에 모두 검정색으로 통일했다고 해요. 이탈리아 본토에서 베네치아로 올 때나 다른 섬으로 이동할 때 가장 빠른 교통수단은 수상택시예요. 운하 안에서는 저속으로 운행해야 하는

데, 큰 파도를 일으키면 다른 배나 건물에 피해를 줄 수 있기 때문이에요. 수상버스인 바포레토는 상대적으로 저렴하고 섬 구석구석 및 근처의 다른 섬까지 빠짐없이 운행하고 있어서 가장 많은 사람들이 이용하는 대중교통수단이에요.

호주의 시드니는 강 하구에 건설된 도시라 시내 중심까지 강물이 바닷물과 연결되어 있어요. 그래서 수상택시가 중요한 교통수단인데, 종류도 다

양해서 옐로 워터 택시는 현지인이나 여행객들이 출퇴근이나 관광용으로 이용하는 택시이고, 옐로 맥시 택시는 28명까지 탈 수 있는 대형 택시예요. 그리고 실버 서비스 배는 결혼식이나 파티와 같은 특별한 이벤트 때 쓰이는 배예요.

트램, 모노레일, 케이블카

트램은 노면에 레일이 설치되어 트램이 다니지 않을 때는 자동차나 사람이 지날 수 있도록 만들어진 노면 열차예요. 20세기 초 기차가 보편화되면서 전 세계적으로 많은 도시에 설치되었는데, 자동차가 보편화되고 지하철이 늘어나면서 많이 사라졌어요.

우리나라에도 1899년 서울에 처음으로 노면 전철이라는 이름으로 깔렸는데 점차 사라져 1968년도에 완전히 폐기되었어요. 하지만 건설비가 지하철에 비해 6분의 1, 모노레일에 비해 3분의 1밖에 들지 않아서 저렴한 트램은 현재에도 세계 40여 개 나라, 500여 개의 도시에서 운행되고 있으며 관광 명물로도 존재감을 뽐내고 있어요.

모노레일은 한 개의 철로 위를 달리는 기차를 말해요. 일반적으로는 철로 위를 기차가 달리는 과좌식 모노레일이 대부분인데 특별한 지역에서는 열차가 궤도에 매달려 달리는 현수식 모노레일도 있어요. 모노레일은 지하철에 비하여 건설비가 적게 들고 중간 중간에 기둥만 세우면 되므로 지상에 차지하는 면적이 적어 철도와 버스의 중간 역할을 주로 하고 있어요. 우리나라에는 대구에서 3호선 전철로 모노레일을 개통했고, 농촌이나 과수원 등 높은 경사 지역에서 농작물을 운반할 때에도 모노레일을 사용해요.

케이블카는 원래 길이 협소하거나 지형이 험악해서 승강장을 건설하기 어렵고 고도차가 큰 지역을 연결하기 위해서 생겨났어요. 엄밀하게는 산이나 고도가 높은 지역으로 차량을 이동하기 위해 케이블로 직접 차량을 끄는 방식과 움직이는 케이블에 필요할 때는 차량을 연결해서 이동하고, 정지하고 싶을 때는 케이블과의 연결을 끊는 두 가지 방식이 있어요. 캘리포니아의 언덕을 오르는 멋진 케이블카와 스키장의 곤돌라가 두 번째 원리예요. 요즘에는 관광 목적으로 많이 설치되고 있는데, 특히 섬과 섬을 연결하는 해상 케이블카나 높고 깊은 산악지역을 운행하는 산악 케이블카는 지상에서는 볼 수 없는 멋진 경치를 제공해서 인기가 높아요.

갯배와 널배

갯배는 배처럼 바다 위를 다니는 교통수단이지만 일반 배와 달리 동력 장치가 없어요. 바다나 강으로 떨어진 지역에 가로질러 설치된 와이어에 배를 고정시켜 와이어를 당기면 배가 움직이는 방식이지요. 우리나라에서는 강원도 속초의 함경도 실향민 마을에 처음으로 생겨 관광지로 보존하고 있어요.

널배는 어쩌면 갯벌이 발달한 우리나라 서해안에만 있는 교통수단일지도 몰라요. 갯벌에서 꼬막이나 조개를 채취해서 운반하기 위해 널빤지로

앞에는 스키처럼 코가 올라오게 만든 건데 길이 약2미터에 폭은 보통 50센티미터 정도 돼요. 걷기에는 발이 푹푹 빠지는 갯벌에 물이 살짝 빠지면 미끄러지듯 100킬로그램이나 되는 꼬막을 싣고 이동할 수 있는 널배는 갯벌에서는 최고의 교통수단이지요.

산악철도와 톱니열차

알프스에서 가장 높은 세 개 봉우리 중의 하나인 융프라우에 가려면 기

차를 타고 올라가야 해요. 해발 3454미터의 유럽에서 가장 높은 정거장을 올라가는 기차는 멋진 알프스의 능선을 타고 올라가다가 마지막에는 터널을 통과해서 정거장에 도착해요. 최대 60도의 가파른 경사를 오르는 이 기차는 철로 중앙에 톱니바퀴를 만들어 기차 바닥의 톱니를 물고 올라가는 열차예요. 톱니가 아니었다면 60도에 이르는 가파른 경사를 미끄러지지 않고 올라갈 수 없을 거예요.

독일 슈베베반, 일본 지바 도시 모노레일

독일 중부 지역에 부퍼탈이란 도시가 있어요. 도시 이름 자체가 '부퍼 골짜기'라는 뜻인데 도시가 산골짜기의 강가를 따라 형성되어 있어요. 19세

127

기 말 산업혁명의 여파로 부퍼 강가에 사람들이 많이 몰려와 살게 되면서 교통 체증이 심해졌어요. 당시 도시마다 트램을 까는 게 유행이었는데, 강가를 따라 도심이 형성되어 있어 도로나 철도를 깔기 어려운 지형이라 부퍼탈 사람들은 도심을 가로지르는 부퍼강을 따라 철길을 놓은 거예요. 강 위에 설치한 철로를 따라 열차는 강 위를 떠다니듯 매달려 다녀서 이름도 '떠다니는 기차'라는 뜻의 슈베베반(Schwebebahn)이라고 이름 붙였고 지금도 세계에서 가장 오래된 현수식 여객 열차예요.

　일본 지바시에 가면 차체가 주행 레일에 매달려 달리는 현수식의 지바 도시 모노레일이 있어요. 복잡한 도심의 도로 위에 공중에 떠서 가듯 달리는 모노레일을 타고 가면 놀이기구를 타는 기분일 것 같아요.

수륙양용버스 덕 투어와 앰피버스

런던이나 보스턴, 싱가포르에 가면 일반 버스처럼 도로를 달리다가 강물 위로 스르륵 미끄러져 들어가 배처럼 운항하는 수륙양용버스 덕 투어(Duck Tour)를 타고 여행을 할 수 있어요. 수륙양용버스는 수륙양용차의 일종으로 육지와 물 위에서 모두 주행할 수 있어요. 수륙양용차는 본래 군사용 전차로 만들어졌으며 이후 일반 자동차와 버스, 사륜 오토바이(ATV) 등으로 개발되어 사용되고 있어요. 요즘은 수륙양용버스가 대개 관광용으로 사용돼요. 덕 투어도 제2차 세계대전 당시 연합군이 사용했던 상륙 차량을 본떠서 만들었다는데 도로 위를 달리다가 물 위를 달리는 게 참 신기하지요. 네덜란드 로테르담에도 약 50명의 사람이 탈 수 있는 수륙양용버스 앰피버스(Amfibus)가 있어요. 항구도시인 로테르담은 강과 운하가 많아 앰피버스가 상당히 유용하게 쓰인답니다.

Chapter 4
미래의 교통수단

미래 교통수단의 네 가지 키워드

앞에서 우리는 어떻게 교통수단이 우리의 삶과 한 시대를 송두리째 바꾸었는지 살펴봤어요. 증기기관과 증기기관차의 발명으로 사람과 물자의 이동이 획기적으로 증가했고 이는 제국주의의 확산과 나아가 공산주의의 탄생에까지 영향을 미쳤어요. 자동차의 대중화로 쇼핑, 여행, 도시 설계까지 바뀌게 되었으며 고속철도의 발달로 우리나라의 경우 하루에 어디든지 다녀올 수 있게 되었고 비행기의 대중화로 비즈니스는 물론 여행의 패턴까지 바뀌었어요.

이처럼 교통수단의 변화는 우리의 삶에 엄청난 영향을 미쳐 왔는데 이제 우리는 또 다른 완전히 새로운 변화를 눈앞에 두고 있어요. 앞으로의 변화는 이제껏 인류가 경험하지 못한 것들이고 이러한 변화는 다시 한 번 우리 개인의 삶뿐만 아니라 도시와 나라 전체의 경제, 사회, 문화, 나아가 정치에도 영향을 미칠 수 있어요.

미래 교통수단의 키워드는 여러 가지로 구분할 수 있지만 여기에서는 연결(Connectivity), 자율주행(Autonomous), 공유(Sharing), 전동화(Electrification)의 네 가지로 설명하려고 해요. 각각의 머릿글자를 따서 케이스(C.A.S.E)라고도 하지요.

첫 번째, 키워드는 '연결'이에요. 요즘은 이미 자동차마다 내비게이션이 있어서 자동차로 이동할 때 항상 켜고 목적지를 안내받아요. 커넥티드(Connected) 기술, 즉 연결 기술 덕분에 가능한 거예요. 이전에는 동일한 상황에서 동일한 경로를 알려 줘서 오히려 교통 체증을 유발한 적이 있어요. 그런데 요

133

즘에는 전체적인 교통 상황을 감안해서 많은 차량이 빨리 이동할 수 있도록 똑같은 상황에서도 다른 경로를 적절하게 안내할 수 있어요. 이처럼 **각각의 차량이 주변의 도로 상황, 다른 자동차들과 연결되어 가장 적합한 길을 안내받을 수 있게 되고** 또한 부가적인 서비스나 혜택도 누릴 수가 있게 돼요. 이동기기와 교통상황 등 주변과의 정보가 연결되면 이러한 데이터를 이용한 새로운 비즈니스와 각 이동기기의 상황에 맞는 차별화된 서비스가 가능해져서 교통수단이 마치 이동하는 스마트폰과 같이 될 거예요.

두 번째 키워드는 **자율주행**이에요. 영어로 오토노머스(Autonomous)라고 하지요. 자율주행은 커넥티드 기술이 발달해서 **내가 가려는 목적지까지의 모든 상황을 인지하고 이동 중의 돌발 상황에도 모두 대처해서 목적지에 안전하게 갈 수 있게** 해줘요. 자동차면 자동차, 비행기면 비행기 등 주어진 교통수단을 이용해서 운전만 자동으로 하는 수준을 벗어나 각각의 상황에서 가장 적합한 교통수단의 선택과 이동 경로까지도 모두 결정하는 걸 말해요. 커넥티드 기술에서 모든 정보를 수집하여 인공지능과 빅데이터 기술을 활용해서 최적의 교통수단과 경로를 탐색하는데 이를 위해 필수적으로 로봇이나 드론과 같은 새로운 교통수단들이 등장하게 돼요. 또한 자율주행은 이동기기 소유자의 성향과 의지에 따라 학습에 의해 진화 및 변화하게 되면서 기계와 인격체의 경계에 대한 논란도 생길 수 있어요.

세 번째 키워드는 **공유**예요. 자동차 이전에는 귀족들이나 극소수 부자들만 마차를 타고 다녔고 증기기관차가 발명되면서 대중교통수단이 처음으로 생겨났어요. 자동차가 발명되고 대중화되면서 많은 가정들이 한 대

이상 자동차를 소유하는 시대에 우리는 살고 있어요. 그런데 앞으로는 다시 교통수단을 개인이나 가정별로 소유하지 않고 공유하는 시대로 간다고 예상해요. 다만 이전처럼 기존의 대중교통수단을 이용하는 것이 아니라 내가 원하는 교통수단을 내가 원하는 시기에 필요한 만큼의 비용만 지불하고 사용하는 거예요. 내 차처럼 사용하지만 필요할 때만 비용을 지불하면 되고 주차 걱정도 하지 않아도 되니 비용과 공간도 절약되고, 1인 가구들이 늘어나는 오늘날의 사회에서는 더욱 매력적인 변화이지요.

자율주행의 5단계

- 레벨0(자율주행 기능이 없는 일반 차량) : 내비게이션과 같이 설정된 목적지까지 가능한 최적의 방향을 안내하지만 운전은 운전자가 직접 해야 하는 단계.
- 레벨1(운전자 보조) : 차선 이탈 등 돌발 상황에 스스로 핸들을 돌리거나 속도를 줄여 운전자를 보호하는 단계.
- 레벨2(부분 자동화) : 자동 방향 전환 기능과 자동 속도 조절 기능을 갖춰 돌발 상황에서 두 가지를 동시에 제어해서 운전자를 보조할 수 있는 단계.
- 레벨3(조건부 자동화) : 운전자의 도움 없이 교통신호와 도로 흐름까지 인식해 스스로 운전하는 단계. 필요한 경우 제어권을 탑승자에게 넘긴다.
- 레벨4(고도 자동화) : 일반적인 상황은 물론 골목이나 커브 등에서의 돌발 상황에서도 자율적으로 대처가 가능한 단계.
- 레벨5(완전 자동화) : 어떠한 상황에서도 운전자의 개입이 전혀 필요 없는 완전한 자율주행의 단계. 운전자가 자거나 반대로 앉아 있어도 전혀 문제없다.

  네 번째 키워드는 전동화예요. 20세기 내연기관의 발명 이후 인류는 빠르게 내연기관을 발전시켜 왔고 제트엔진의 발명으로 음속보다 5배 빠른 비행기까지 만들려고 노력 중이에요. 그런데 미래에는 다시 전기와 모터를 동력으로 쓰는 방향으로 발전하리라 예상하고 있어요. 화석

다시 역사의 주인공이 되려는 전기 자동차

흔히 생각하는 것과는 달리 전기 자동차는 내연기관 자동차보다 먼저 발명되어 판매까지 되었다고 한다. 1832년 스코틀랜드의 로버트 앤더슨이 최초로 전기 마차를 발명했고, 1884년 영국의 토머스 파커가 최초의 전기차를 판매했다. 벤츠의 가솔린 자동차가 1886년부터 판매를 시작했으니 발명도 판매도 전기차가 먼저인 셈이다.

전기 자동차는 소리나 진동도 작고 휘발유 냄새도 나지 않고 어려운 기어 조작도 할 필요가 없어서 여성들에게 인기가 높았다. 미국과 유럽 여러 도시에는 충전소도 생기고 전기차 택시까지 등장했다. 그러나 전기차는 내연기관과의 경쟁에서 밀리고 마는데, 당시만 해도 배터리 기술이 발달하지 않아 무겁고 충전 시간이 너무 길어서 실제로 운행하기에는 단점이 많았기 때문이다. 게다가 1908년 미국의 포드가 기존보다 가격이 3분의 1에 가까운 모델 T1을 생산하기 시작하고, 1920년 미국 텍사스에서 원유가 발견되면서 휘발유 가격이 내려가자 전기차는 내연기관 자동차와의 경쟁에서 밀리고 만다. 백여 년 후, 내연기관의 환경오염과 화석연료의 고갈 등 문제점이 대두되고 배터리의 성능이 좋아지면서 역사에서 완전히 사라졌던 전기차는 다시 새로운 무대를 장식하려고 한다.

연료의 사용으로 환경오염이 심각해지면서 **탄소 배출량을 줄일 수 있는 전기를 사용**하려고 하는데 여기에는 배터리와 같은 에너지 저장장치의 발달도 한몫을 하고 있어요. 또한 전기로 동력이 바뀌게 되면 자동차에서 엔진이 없어지고 배터리와 모터만 있으면 되므로 훨씬 공간을 잘 활용할 수 있어요. 자동차 내부가 간단해지니 엔진오일이나 냉각수를 갈 필요도 없고 수리를 할 부분도 줄어들겠지요.

나 혼자 타고 움직인다, 퍼스널 모빌리티

 한 사람이 타고 움직이는 개인형 이동장치를 퍼스널 모빌리티(Personal Mobility)라고 해요. 최근에 인기가 올라가고 있는 퍼스널 모빌리티는 교통 체증이 심한 도심을 편하게 이동할 수 있다는 게 가장 큰 장점이에요. 대체로 최대 속력이 시속 30킬로미터로, 시속 40~50킬로미터인 지하철의 평균 속도에 가까운 속도예요. 자동차로 이동하기에는 가깝고 걷기에는 조금 먼 거리를 편리하고 빠르게 이동할 수 있어요. 마지막 교통수단에서 집이나 목적지까지의 거리를 이용하기에 가장 적합한 교통수단이지요. 핵가족화가 진전되어 1인 가구가 늘어나고 고령화로 노인들이 증가하면 이와 같이 혼자 짧은 거리를 편하기 이용할 수 있는 개인형 이동장치는 더욱 많이 사용될 전망이에요.

앞으로 더욱 새로운 형태의 개인형 이동장치들이 등장할 것 같은데, 이처럼 개인형 이동장치가 활성화될 수 있는 데에는 몇 가지 이유 있어요. 첫 번째 이유는 배터리의 발전이에요. 환경오염과 시끄러운 소음이 심한 엔진 대신에 전기모터를 사용하면서 퍼스널 모빌리티에 대한 관심이 늘어나게 되었어요. 결정적으로 배터리의 성능이 좋아지면서 시내에서 그리 길지 않은 거리를 달릴 수 있게 되어 보급이 확대되고 있어요.

또한 첨단 기술의 발전으로 퍼스널 모빌리티는 더욱 널리 확대되었어요. 바퀴 하나로 중심을 잡는 휠도 생겨났고, 작은 모터와 배터리가 큰 힘을 내면서 먼 거리도 갈 수 있게 되었어요. 또한 스마트폰으로 연결되어 내가 원하는 기기가 어디 있는지 알려 주고 기기를 최적의 상태로 유지해서 배터리 소비량을 최소화할 수도 있게 되었고요.

가격이 하락한 것도 퍼스널 모빌리티가 대중화된 이유 중 하나예요. 최초의 퍼스널 모빌리티는 세그웨이였는데 중고 자동차 한 대 값이었어요. 그런데 최근에는 몇 십만 원이면 한 대를 구입할 수 있게 되어 누구나 한 대씩 가질 수 있게 되었지요. 게다가 공유 서비스의

등장으로 이동장치를 사지 않아도 되고 주차장 걱정도 없이 필요할 때만 사용하면 되므로 이용이 확대되고 있어요.

그럼 퍼스널 모빌리티들 중에는 어떤 것이 있는지 살펴볼까요. 전기 자전거는 가장 먼저 퍼스널 모빌리티로 활용된 것인데, 기존의 자전거에 배터리와 모터를 장착해서 발로 페달을 밟는 수고를 덜어 주어 더 편하게 더 멀리 이동할 수 있게 된 자전거지요. 기존의 일반 자전거를 대상으로 개조가 가능하고 뒷바퀴 안에 모터를 장착하는 인휠 모터 시스템도 나오는 등 기술이 발전하고 있어요. 자전거 타는 사람은 누구나 탈 수 있다는 장점이 있으나 비나 눈이 오면 가지고 다니기 어려운 단점이 있어요.

자전거보다 크기가 훨씬 작은 접을 수

있는 킥보드나 전동 휠은 제어기술의 발전으로 몸만 살짝 기울이면 앞으로 전진 또는 회전하므로 자전거보다 배우기도 훨씬 쉽다고 해요. 또한 크기가 작기 때문에 지하철이나 사무실에 가지고 들어가기가 훨씬 수월해요. 다만 아직까지는 배터리의 한계로 주행거리가 길지 않다는 점과, 기기가 작고 빠른데 안전장치가 없어 본인은 물론 도로 위 다른 차나 보행자들에게 위험하다는 것이 단점이에요.

1인이 타고 이동할 수 있는 초소형 자동차도 대표적인 퍼스널 모빌리티예요. 3개 또는 4개의 바퀴를 가지고 있고 핸들로 조정하기 때문에 자동차라고 이름 붙였지요. 휠체어 또는 자동차처럼 앉을 수 있어서 좀 더 편하게 먼 거리를 갈 수 있고 속도에 따라 앉는 자세를 저속에서는 높게 고속에서는 낮게 유지할 수 있는 기기도 있어요. 그런데 전동 휠이나 킥보드에 비해서는 휴대성이 떨어지고 주차장 문제가 그대로 있다는 점이 단점이고, 일반 자동차에 비해서는 주행거리나 안락성이 떨어지는데 두 가지 사이에서 특별한 장점을 찾기가 어려워 아직까지 널리 보급되지는 못하고 있어요.

이와 같은 **개인형 이동장치의 확산은 공유 서비스의 등장으로 가능하게 되었어요**. 예를 들면 미국의 버드(Bird)라는 회사는 2017년 미국 산타모니카에서 시내 곳곳에 놓여 있는 전동 킥보드를 앱으로 결제하고 원하는 데 놔두는 서비스를 시작했는데 10개월 만에 미국 22개 도시로 확산되었어요. 버드는 빠르게 성장해, 스타트업 기업 중 가치가 1조 원이 넘는 유니콘 기업으로 성장했지요. 우리나라에도 2018년부터 이와 유사한 서비스가 서울 강남에서 최초로 시작했어요.

언제 어디서든 편하게 이용할 수 있는 퍼스널 모빌리티는 편하고 빠르

서울시의 공유자전거 따릉이

공유자전거란 정해진 장소에서 자전거를 빌려서 원하는 시간만큼 사용하고 다시 정해진 장소에 반납하는 시스템이다. 무인으로 운영되며 스마트폰으로 대여와 반납, 결제까지 모두 가능하다. 많은 나라에서 공유자전거를 운영하고 있는데, 파리와 독일의 여러 도시, 중국은 기업에서 운영하고 있고, 서울의 따릉이는 서울시에서 직접 운영하고 있다. 파리의 공유자전거 업체 벨리브나 중국의 오포, 모바이크 같은 스타트업 기업들이 몇 년 사이에 기업 가치 1조 원 이상의 유니콘 기업으로 성장했지만, 관리 부족 및 사용 불편으로 소비자의 불만이 많고 오포는 파산했다. 한편, 서울의 따릉이는 시에서 운영하다 보니 관련 기업이 성장할 기회가 없다는 비판도 있고 성장이 느린 단점이 있지만, 수익에 매달리지 않고 안정적으로 서비스를 제공할 수 있다는 장점도 있다.

지만 본인과 다른 사람들에게 위험의 요소가 될 수 있어요. 실제로 관련 사고도 빠른 속도로 늘고 있고 이런 사고를 방지하기 위해 독일의 경우에는 원동기 면허, 번호판 부착, 반사등 및 후미등, 경적 등을 설치한 경우에 자전거 도로 주행이 가능하다고 해요.

  우리나라에서는 개인형 이동장치는 별도 법안이 없어 2급 원동기 면허가 필요하며 차도에서만 주행이 가능한 것 외에는 아직 관련 법규가 미비한 상황이에요. 하루빨리 관련 법안을 정비해야 할 뿐 아니라, 이용자들 역시 자신과 타인의 안전을 최우선으로 생각해야 해요. 퍼스널 모빌리티를 이용할 때는 반드시 헬멧이나 적당한 안전장비를 착용해야 하고, 다른 보행자와 부딪치지 않도록 유의하고 주변 교통상황에 맞추어 안전하게 이용하는 것이 무엇보다 중요해요.

핸들은 어디에? 미래 자동차의 모습

미래 교통수단의 네 가지 키워드인 연결, 자율주행, 공유, 전동화는 미래의 자동차에도 그대로 적용될 예정이에요. 미래의 이동 수단 중에 특히 자동차에 적용될 미래의 모습에 대해 이야기해 볼까요.

완전한 자율주행이 이루어지면 가장 큰 변화는 실내 구조일 거

예요. 핸들이 없어지는 것은 당연하고 운전자와 승객 모두가 앞을 바라볼 필요가 없이 마주 앉아도 되고, 심지어는 앉아 있을 필요도 없어지게 될 거예요. 좌석은 앞뒤나 옆으로 회전할 수 있고 편하게 누워서 갈 수도 있고, 이동 중에 차를 마신다거나 책을 읽고 컴퓨터로 일을 할 수 있는 사무와 휴식 공간으로 바뀔 수 있어요.

　이전에 주행과 운전을 위해 필요했던 각종 디스플레이나 계기판들이 필요 없어지고 승객들이 반드시 앞을 봐야만 하는 게 아니라 옆이나 뒤를 볼 수도 있어요. 현재는 운전하면서 주변 상황을 살피기 위해 유리창은 모두 투명하게 되어 있는데, 유리창이나 각종 디스플레이와 계기판이 완전 다른 용도와 형태로 바뀔 거예요. 예를 들면, 사면의 유리창이나 천정이 모두 디스플레이로 바뀌어 원하는 장면을 보여 주거나 영화를 볼 수 있는 스크린이 될 수도 있고, 다른 사람의 얼굴을 보면서 통화할 수 있는 화

tip 가상현실과 증강현실

가상현실(VR, Virtual Reality)은 컴퓨터로 만든 가상의 대상이나 사물이 화면에 나오는 100퍼센트 가상의 세계라면, 증강현실(AR, Augmented Reality)은 눈으로 보이는 실제 현실에 가상의 정보를 합쳐서 보여 주는 기술을 말한다. 현실 세계를 기반으로 하기 때문에 실제적이고 거기에 가상의 정보를 추가하여 더 많은 정보를 얻을 수 있다.

상 통화용 화면으로 사용될 수 있어요.

레벨 3이나 4의 자율주행 상황에서 운전자가 앞을 보고 필요할 때 운전을 해야 하는 상황에서 앞으로 가장 도움이 될 변화는 증강현실(AR)이에요. 자동차 앞 유리에 어두운 밤에는 적외선 카메라의 화면을 비춰 준다든지, 교통 상황이나 도로 상황 등을 표시해서 훨씬 안전하고 편리하게 운전할 수 있게 될 거예요.

미래의 자동차는 기능은 훨씬 많아지고 복잡하지만 내부는 지금보다 더 단순하게 될 거예요. 인공지능(AI)과 음성 인식을 활용해서, 지금은 단추나 다이얼로 작동하는 많은 기능들이 음성 인식이나 터치스크린으로 바뀔 테니까요. 인공지능과 빅데이터는 운전자와 탑승자의 습관이나 이전의 데이터, 그리고 주변 환경을 반영해서 말하지 않아도 최적의 환경을 만들어 줘요. 게다가 운전자의 뇌파를 분석해서 무엇을 원하는지 생각까지 읽어서 미리미리 대처해 주니 굳이 조종장치가 필요가 없어지는 거지요. 자율주행으로 운행해 주는 것을 넘어서 자동차 안에서 우리가 원하는 것을 미리미리 알아서 다 해 주는 스마트 자동차의 시대가 머지않아 올 거예요.

전기 자동차가 대중화되면 배터리 소모를 줄이고 효율적으로 사용하는 것이 더욱 중요해지면서 자동차 외부는 많은 부분이 태양광 패널로 덮일 것 같아요. 지붕이나 보닛 또는 옆면에도 고성능 태양광 패널이 장착될 거예요. 구부릴 수 있는 플렉시블 태양광 패널이나 필름 태양광 패널로 더욱 가볍게 **태양광에서 에너지**를 얻을 수 있게 될 거예요.

자동차의 많은 부분은 현재의 철이나 알루미늄에서 탄소 섬유와 같은 가벼운 소재로 바뀌고 있어요. 심지어는 엔진이나 기어 박스 같은 고강도 부품도 탄소 섬유나 고성능 플라스틱으로 만드는 연구를 하고 있어서 많은 부분을 이런 소재로 대체하면 미래의 자동차는 무게도 훨씬 줄어들게 될 거예요.

전기차에서 아직까지 가장 불편하고 해결해야 할 것은 바로 충전 문제예요. 휘발유나 디젤 자동차는 주유소에 가면 금방 주유할 수 있고 한번 주유하면 600킬로미터 이상을 달릴 수 있는데, 전기차는 주행거리가 대부분 이보다 짧아요. 완속 충전은 몇 시간씩 걸리고 급속 충전도 최소한 30분 이상 걸려서, 배터리가 방전 상태에서 다시 출발하려면 최소한 30분 이상 기다려야 하니 여간 불편하지 않아요. 그렇기 때문에 먼 거리를 가려면 미리미리 충전을 해 놓아야 하고 계속 신경을 써야 하지요. 하지만 이러한 문제도 미래에는 해결될 전망이에요. 물론 배터리 기술이 발전하고 태양광 효율이 올라가야겠지만, 횡단보도에 정차할 때 자동으로 충전을 한다든지 주행 중에 도로에서 충전하는 방법도 연구하고 있어요. 또한 무선 충전 기술이 발전한다면 근처의 자동차와 서로 충전할 수 있는 기술이 개발될 수도 있어요. 이렇게 운전하면서 충전도 자율적으로 하게 되면 참 편리하겠지요?

미래에는 **자동차가 스마트 고속도로 위를 군집주행**을 할 수도 있을 거예요. 군집주행은 말 그대로 여러 대의 자동차가 한꺼번에 달리는 거예요. **자율주행과 연결 기술이 발전하면 앞뒤의 차량이 서로 통신하면서 적절한 간격을 유지하며 달릴 수 있어요.** 물리적으로 연결되어 있지는 않지만 일정한 간격을 유지하면서 사이클 선수가 나란히 붙어서 달리거나 코끼리가 꼬리를 물고 가는 것처럼 이어서 달리는 거예요. 교통 상황에 맞추어 서로 연락하면서 연결된 차량의 속도를 같이 조절하면서 주행하므로 속도도 높일 수 있고 간격도 줄일 수 있어 시간과 연료도 절약할 수 있어요. 군집주행은 특히 버스나 트럭과 같이 장거리를 운행하는 상용차들에게는 더욱 효과가 클 거예요. 이러한 군집주행 및 자율주행을 지원할 수 있도록 법규, 통신, 센서, 빅데이터 및 과금 체계가 갖추어진 도로를 스마트 고속도로 또는 지능형 교통 시스템(ITS)이라고 불러요.

    전기차가 일반화되면 배터리와 모터를 포함한 자동차의 핵심이 되는 부분을 기본형으로 하고, 필요에 따라 1인승, 2인승 또는 4인승 이상으로 차체를 바꿀 수 있는 **모듈형 자동차**가 등장할 수도 있어요. 평소에 출퇴근할 때는 1인승 차로 타고 다니다가 가족이 여행을 갈 때는 4인승으로 개조할 수 있는 거예요. 차체뿐만 아니라 배터리나 모터까지도 쉽게 승객의 요구에 따라 바꿀 수 있어요. 게다가 **자동차를 소유하는 개념이 아니라 필요할 때 공유하는 개념**이 되면서 필요에 맞추어 자동차의 각 부분을 교체할 수 있는 방법이 실제 적용될 수 있어요.

라이트 형제의 후예들과 개인용 항공기기

라이트 형제가 하늘을 나는 꿈을 실현한 후, 인류는 비행기를 타고 세계 어디나 하루면 갈 수 있게 되었어요. 하지만 더 편하게 내가 원할 때 언제든지 날고 싶은 인간의 꿈은 끝이 없어요. 자유롭게 날고 싶은 인간의 꿈을 실현할 수 있는 개인용 항공기기들을 살펴볼까요.

하늘을 나는 자동차, 플라잉 카

시내에서는 자동차로 다니다가 교통 체증으로 차가 막히거나 도로 사정이 좋지 않을 경우 훌쩍 날아가고 싶은 생각을 누구나 해 봤을 거예요. 플라잉 카(Flying Car)는 이런 꿈을 실현하려는 시도들인데 다양한 형태가 있어요. 자동차와 헬리콥터를 섞은 디자인이 많은데 날개를 접는 방식이나 추진체의 위치나 방식에 따라 몇 가지 시도들이 있어요.

네덜란드 회사 팔브이(PAL-V)에서 만든 리버티(Liberty)는 앞바퀴가 하나인 삼륜차 모양의 2인승 차량에 커다란 헬리콥터 날개가 펴져 날도록

되어 있고, 뒤에는 추진용 프로펠러가 달려 있어 수직 이착륙이 가능한 구조의 플라잉 카예요. 2006년 미국의 매사추세츠 공과대학교(MIT) 졸업생들이 만든 테라푸지아(Terrafugia)는 비행기에 훨씬 더 가까운 모양인데, 비행 모드에서 최고 시속 160킬로미터까지 속도를 낼 수 있어요.

미국의 스타트업 기업 키티호크가 만든 코라(Cora)는 전기 동력의 완전 자율주행 에어택시로 최고 시속 170킬로미터로 날 수 있어요. 2019년에 보잉사는 키티호크에 투자하여 코라를 이용한 에어택시 상용화를 적극 추진하기로 했어요. 스마트폰을 기반으로 한 미국의 승차 공유 서비스 회사인 우버에서는 에어택시 사업을 위해 우버에어라는 회사를 설립했어요. 우버에어의 에어택시는 헬리콥터와 같은 디자인에 여러 개의 프로펠러를 드론과 같이 달아 수직 이륙한 뒤에는 프로펠러를 돌려 속도를 높이는 구조예요. 최고 시속 240킬로미터까지 날 수 있어 육상에서 택시로 1시간 걸리는 거리를 10분이면 갈 수 있답니다.

로켓맨의 꿈, 제트팩과 플라잉 보드

인류는 오래전부터 원할 때 원하는 곳에 마음대로 날아가고 싶은 꿈을 꾸어 왔는데, 그 오랜 꿈이 이제 머지않아 실현될 날이 올 것 같아요. 로켓 장치를 배낭처럼 메고 하늘을 마음대로 날면서 악당을 무찌르는 로켓맨은 제트팩이 등장한 지금은 더 이상 영화나 만화에서만 등장하는 허구가 아니랍니다.

등이나 허리에 추진장치를 달고 하늘을 나는 장비를 제트팩이라고 하는데 1958년 미국에서 군사 목적으로 개발을 시작했어요. 1965년 영화 〈007 위기일발〉에서 제임스 본드가 타고 나왔고, 1984년 LA올림픽 개막식 때 선보이면서 세상에 널리 알려졌어요. 최근의 시도들은 제트팩의 상용화가 머지않았음을 알려 주는 것 같아요. 2018년에는 스위스의 이브 로시가 비행기 날개 같은 제트팩을 등에 메고 최고 속도 시속 300킬로미터로 계곡을 날기도 했고, 2019년에는 호주의 데이비드 메이먼이 자신이 만든 제트팩으로 시드니 오페라하우스 앞을 나는 모습이 공개되기도 했어요.

바이크에 제트 추진장치를 달아 시속 250킬로미터까지 날 수 있는 제트팩 바이크도 한창 개발 중이에요. 바이크에 드론을 장착한 호버 바이크도 있어요. 회전 날개가 네 개인 쿼드콥터 형태인데 최고 속도 시속 160킬로미터로 하늘을 나는 오토바이지요. 두바이에서는 경찰들이 순찰차로 호버 바이크 도입을 검토 중이에요.

영화 〈백 투 더 퓨처〉를 보면 등장인물이 스케이트보드처럼 생긴 호버 보드를 타고 하늘을 나는 장면이 나와요. 영화를 만들던 당시에는 상상에

다양한 목적으로 쓰이는 드론들

일반적으로 드론이라고 하면 무인 항공기를 생각하는데 엄격하게 구분하면 비행기처럼 고정된 날개를 가진 무인기는 고정익 무인기라고 하고, 2개 이상의 로터(회전기계에서 회전하는 부분)를 가지고 비행하는 멀티콥터를 드론이라고 한다. 드론은 교통수단뿐 아니라 레저나 취미용을 비롯해 여러 가지 목적으로 사용되고 있다.

- 정찰·타격용 드론 : 드론이 처음 만들진 목적이 정찰용이었으므로 군사 목적으로 다양한 정찰용 드론이 많이 개발되었다. 최근에는 무기를 싣고 타격을 하거나 실제 발사용 무기를 장착하고 작전에 투입되는 드론도 개발되고 있다.
- 촬영용 드론 : 예전에는 영화를 촬영할 때 사람이 높은 곳에 올라가거나 사다리에 카메라를 달고 촬영하기도 했는데, 이제는 드론이 항공 촬영을 맡아서 하다 보니 이전에는 찍을 수 없었던 특수 촬영이 가능해졌다.
- 관측·산업용 드론 : 농촌이나 과수원, 조선소와 같이 넓은 지역을 관측하는 일에 드론이 쓰이고 있다. 또한 산과 바다, 도서 지역과 같이 지형이 험한 곳에서 드론은 진가를 발휘한다. 최근에는 농촌에서 비료나 농약 또는 씨앗을 살포하는 등 다양한 용도로 활용되고 있다.
- 구조·방제용 드론 : 해수욕장이나 호수, 강에서 물에 빠진 사람을 구조할 때 드론은 가장 빠르고 쉽게 현장에 접근할 수 있다. 드론이 재빨리 날아가서 구명조끼를 던져 주고 구조대를 기다리면 위험한 상황을 벗어날 수 있다.
- 경주용 드론 : 드론 제작 기술과 조종 기술이 발전함에 따라 드론으로 정해진 장애물을 통과해서 빨리 도착하는 레이싱이나 정해진 시간 동안 자기만의 묘기를 뽐낼 수 있는 드론 대회도 개최되고 있다.

불과했지만, 지금은 실현 가능한 일이 되었어요. 미국의 아르카(Arca) 사에서 만든 아르카보드(ArcaBoard)는 넓적한 패널에 36개의 전동팬을 달아 하늘을 날 수 있어요. 또, 프랑스인 프랭키 자파타는 2019년 8월에 영국과 프랑스 사이의 도버 해협 35킬로미터 거리를 플라잉 보드를 타고 횡단하기도 했어요.

태양광만으로 세계 일주를 성공한 비행기

항공기가 대중화되면서 대형화, 고속화 노력이 계속되고 있지만, 제트엔진에서 뿜어져 나오는 오염 물질이 대기를 오염시키는 문제는 더욱 심각해질 수밖에 없어요. 이러한 환경오염을 줄이기 위해 화석연료를 사용하지 않고 태양광만으로 운항하는 비행기를 개발해서 세계 일주에 성공한 회사가 있어요. 스위스의 솔라 임펄스(Solar Impulse)라는 회사인데, 2003년 백만장자 베르트랑 피카르와 앙드레 보슈베르가 공동으로 창업했어요.

솔라 임펄스는 2009년 첫 시험 비행을 성공했고, 2011년에는 유럽 횡단, 2012년에는 처음으로 대서양을 건너 유럽에서 미국까지 대륙 간 비행을 성공했어요. 시험 비행에 성공한 솔라 임펄스는 그동안의 경험을 바탕으로 솔라 임펄스 2호기를 제작했어요. 주날개가 72미터로 보잉 747보다 3.5미터나 더 크고 날개 위에는 1700개 이상의 고효율 태양광 패널을 깔았어요. 날개며 대부분의 구조물은 탄소 섬유로 만들었기 때문에 무게는 2.3톤으로 중형 자동차 정도밖에 되지 않아요. 배터리에 연결된 4개의 프로펠러로 평균 시속 70킬로미터, 최대 시속 140킬로미터까지 날 수 있고 한 번 충전으로 최대 5일까지 비행이 가능해요. 조종석은 1인용으로 만들었는데 화장실과 간이침대가 있기는 하지만 무게를 줄이기 위해 온도와 기압 조절장치가 없어 추위와 더위를 그대로 견뎌야 하고 산소마스크로 숨을 쉬어야 해서 번갈아 조종하는 피카르와 보슈베르에게는 아주 견디기 어려운 환경이었지요.

마침내 2015년, 두 사람은 아랍 에미리트 아부다비에서 출발하는 역사적인 세계 일주 비행을 시작했어요. 중간에 배터리 과열로 수리하는 데 9개월이나 걸리기도 하고 태평양을 건너 하와이까지 갈 때는 120시간 동안이나 쉬지 않고 비행해야 했지요. 2016년 4월, 드디어 505일 만에 558시간을 비행해 화석연료를 전혀 사용하지 않고 태양광만으로 최초의 세계 일주를 성공했어요.

비록 10여 년 동안 예산 1억 달러 이상의 막대한 자금이 들었고 일주 시간도 예상보다 훨씬 오래 걸렸지만, 많은 기업과 단체들이 솔라 임펄스의 비전에 공감해서 다양한 협력과 지원을 아끼지 않고 있어요. 솔라 임펄스의 첫 세계 일주가 라이트 형제의 첫 비행처럼 미래에 신재생 에너지를 이용한 비행 기술의 발전에 첫 걸음이 되기를 기대해 봐요.

우리 일상에 다가온 로봇과 드론

미래의 이동기기를 생각할 때 로봇과 드론을 빼놓을 수 없어요. 지상과 하늘, 그리고 바다와 땅속을 가리지 않고 로봇과 드론은 다양한 형태로 발전하고 있어 어떤 형식으로 우리의 삶에 변화를 줄지는 상상하기 어려울 정도지요.

로봇은 일반적으로 제조 로봇과 전문 서비스용 로봇, 개인 서비스용 로봇의 세 가지 종류로 분리해요. 제조 로봇은 용접 로봇, 도장 로봇, 이송 로봇 등 제조 현장에서 작업 수행을 위한 로봇이에요. 전문 서비스용 로봇은 안내 로봇이나 소방 로봇 등 안내 서비스 및 전문화된 작업을 수행하는 로봇이에요. 개인 서비스용 로봇은 인간의 생활에 도움을 주는 청소 로봇, 간호 로봇 등이 있어요. 여기에서는 교통수단에 관련해 가장 주목할 만한 로봇을 살펴봐요.

보스턴 다이내믹스는 미국의 로봇 과학자들이 설립한 로봇 전문 업체예요. 현재까지 가장 혁신적인 로봇을 만들고 있는 회사인데, 보행 로봇 분야에서 세계 최고 수준의 기술을 보유하고 있는 것으로 평가받고 있어요. 2013년 구글에, 2017년 소프트뱅크그룹에 인수됐는데, 2020년 한국의 현대자동차그룹이 인수했지요. 2004년 보스턴 다이내믹스는 미항공

우주국(NASA), 하버드 대학교 등과 4족 보행이 가능한 운송용 로봇 '빅도그'를 개발해 화제가 됐어요. 이후 훨씬 움직임이 자연스럽고 빠르며 발로 차도 넘어지지 않고 균형을 잡는 4족 보행 로봇 '리틀 도그'와 '치타' 등을 공개하기도 했지요. 2016년에는 사람처럼 두 다리로 움직이는 2족 보행이 가능한 로봇인 '아틀라스'도 선보였는데, 달리면서 장애물을 넘고 넘어져도 다시 일어나고 공중제비까지 도는 등 인간의 운동 동작을 완벽하게 구사하는 로봇의 모습에 많은 사람들이 놀랐어요.

가정이나 사무실에서 업무나 가사를 돕기 위해 만들어진 '스팟 미니'는 4족 보행 로봇에 팔과 손이 달려 있어서 음료수 캔을 가져다주고 쓰레기통에 버릴 수도 있고 스스로 핸들을 돌려 문을 열고 나갈 수도 있어요. 좁은 공간에서 물류 운반 로봇으로 개발된 로봇 '핸들'은 두 다리에 두 개의 바퀴를 달아 점프를 할 수도 있고 바퀴를 이용해 빠르게 달릴 수도 있어요. 두 개의 팔을 가지고 최대 45킬로그램의 짐을 운반할 수도 있어요.

어느새 우리에게 아주 익숙해진 드론은 무선 전파를 이용하여 원격 조종되는 무인 비행 물체예요. 드론(Drone)이란 원래 수컷 꿀벌을 뜻하는 말인데, 수벌이 왱왱거리는 소리와 비슷해서 붙여진 이름이에요. 드론은 원래는 군사 목적으로 개발되었는데, 최근에는 촬영이나 정찰, 레저, 구조, 경주, 이동과 운송까지 그 영역을 확대하고 있어요. 여기에서는 이동 및 운송 수단으로 사용되는 몇가지 드론을 살펴보기로 해요.

우선, 화물 배송 드론이 있어요. 아마존이나 DHL, 구글과 같은 기업들은 화물 배송 목적으로 드론을 적극 활용하려고 준비 중이에요. 현재는 드론의 짧은 비행 거리를 보완하기 위해 차량이나 기차, 비행선 등을 중간 기점으로 이용해서 드론을 충전하고 더 많은 물건을 효율적으로 배송

하기 위한 노력을 하고 있어요. 승객 운송 드론은 앞에서 언급한 플라잉 카나 개인용 항공기기 중에서도 드론을 활용한 기기들 중에서 찾아볼 수 있어요. 드론이라는 안정적인 항공 교통수단을 이용해서 승객을 태우고 이동하는 서비스를 제공하려는 많은 노력들이 있으니 머지않은 장래에 드론 택시를 이용할 수 있는 날이 올 거예요.

이스라엘 군사 로봇 전문업체 로보팀은 드론과 로봇의 특징을 결합한 하이브리드 로봇 '루스터(Rooster)'를 개발했어요. 짧은 거리를 날아가는 수탉의 비행을 모방한 루스터는 드론 밑에 지상 전용 로봇을 붙였다 뗄 수 있어서, 드론을 이용해서 원하는 곳까지 로봇을 이동해서 작전을 수행한 후에는 다시 드론으로 로봇을 실어서 날아올 수 있어요. 루스터는 재난 지역이나 재해가 난 곳에서 구조대가 신속하게 부상자를 찾고 구조하도록 돕는 역할을 한다고 해요. 이처럼 드론은 사람이 가기 힘든 황폐해진 지역이나 비행 또는 탐

색이 어려운 현장에 투입돼 구조대원에게 정보를 전송할 수 있는 기능을 갖추는 등 점점 발전하고 있어요.

미래의 선박, 다시 범선으로?

바다에서는 미래에 어떤 변화가 예상될까요? 기후 변화 등 환경 문제가 어느 때보다 중요해지면서, 배도 친환경적으로 바꾸기 위한 새로운 기술을 찾는 경쟁이 치열해지고 있어요. 해운과 조선에 관한 국제적인 문제들을 다루기 위해 설립된 유엔 산하 국제기구인 국

제해사기구(IMO)는 환경 규제를 강화해 2050년까지 선박의 온실가스 배출량을 2008년 대비 50퍼센트까지 줄이기로 했어요. 이제 친환경은 미래 해양산업에서 중요한 키워드가 되었어요. 친환경을 비롯해, 선박에서의 미래 변화를 설명하는 중요한 키워드들이 있어요. 자율운항과 스마트 선박, 친환경, 고속화, 대형화, 해상도시 건설의 다섯 가지 키워드를 중심으로 미래의 선박에 대해 알아봐요.

배도 스스로 움직인다, 자율운항 선박

자율운항 선박은 자동차와 마찬가지로 사람이 운행에 개입할 필요 없

이 자율적으로 운항하는 선박을 말해요. 스마트 선박은 자율운항을 포함하여 각종 정보통신(ICT) 기술을 활용하여 보다 효율적이고 빠르고 안전하게 운행하는 선박이에요. 자율운항 선박은 조선 산업의 선진국인 우리나라보다 유럽이나 일본이 앞서 나가고 있어요. 위성항법장치(GPS), 고성능 카메라, 센서 등을 장착하고 무인으로 운행하는 자율운항 선박은 노르웨이의 야라인터내셔널이 상용화를 목표로 시범 운항 중이에요. 비료공장에서 화물을 선적하고 피오르 해안을 따라 목적 항구까지 운항하며 컨테이너를 외부의 통제 없이 자율적으로 싣고 내리는 프로젝트를 테스트 중이라고 해요.

자율주행 선박이 상용화되려면 많은 전자 장비들이 추가되어야 해서 배의 단가는 올라가겠지만 선원의 숫자를 획기적으로 줄일 수 있어서 오히려 비용을 줄일 수 있어요. 선원이 필요 없는 무인 선박이나 무인 잠수정은 한번 출항하면 훨씬 더 오랜 기간 동안 운항하고 잠수할 수 있는 장점도 있지요. 우리나라는 조금 늦었지만 4단계 자율운항 선박기술을 2025년까지 개발하기로 목표를 세워 추진 중이에요.

스마트 선박과 친환경 선박

스마트 선박은 자율운항 제어시스템, 선박 자동식별(AIS), 위성 통신망 선박 원격 제어기술 등과 같은 첨단 ICT 기능을 갖추고 인공지능과 빅데이터 기술을 활용하여 이전보다 경제적으로 안전하게 운항하는 차세대 디지털 선박이에요. 선박 관리에 필요한 인력과 자원, 그리고 오류를 최소화할 수 있어서 효율적인 관리가 가능하고 연료도 20퍼센트까지 절감이 가능해요. 화물의 상태와 여러 가지 상황을 고려하여 연료 체계, 선원의 숫자와 선실의 위치까지도 가장 효율적으로 조정할 수 있는 게 바로 스마트 선박이지요.

미래에는 환경을 생각하는 **친환경 선박**도 늘어날 거예요. 국제해사기구(IMO)의 환경 규제가

전기보트 제조의 리더는 한국

화석연료의 고갈과 수자원 환경 보존을 위해 우리나라는 2019년부터 전기 추진기 보급 사업을 추진하고 있고 중국의 경우 일부 강이나 호수에서 내연기관 운항을 금지하기 시작하는 등 세계 여러 나라에서는 내연기관 선박 운항을 금지하거나 전기 선박과 등 친환경 선박의 운항을 장려하고 있어 전기 선박 시장은 빠르게 성장할 전망이다.

그런데 아직 전기 선박의 개발은 전 세계적으로 미비해서 50마력 이상의 전기 추진체를 만드는 회사는 독일과 한국밖에 없다. 그중에서도 우리나라 기업만이 유일하게 100마력 이상 600마력까지의 전기 파워트레인(배터리 팩과 모터를 포함한 구동장치)를 제작할 수 있다. 게다가 감전 방지 시스템, 배터리 교환 시스템, 고출력 파워트레인까지 갖추고 있고, 자율운항 선박과 하이브리드 선박까지 개발 중이다.

강화되어 2020년부터는 선박의 황산화물 배출량을 기존의 3.5퍼센트에서 0.5퍼센트로 낮추어야 해요. 기존 선박들은 황산화물, 질소산화물, 이산화탄소 등의 배출량을 줄이는 저감장치를 달거나 이런 오염 물질을 적게 배출하는 새로운 연료나 추진 방식을 사용해야 해요.

가장 빠르게 적용할 수 있는 방법은 기존의 벙커시유를 대체해서 친환경 연료인 액화 천연가스(LNG)를 사용하는 엔진으로 교체하는 거예요. 그래서 세계적으로 새로 만드는 선박의 경우 LNG 선박이 늘고 있어요. 우리나라는 세계 최초로 11만 톤급 대형 LNG 추진 유조선을 건조하는 등 친환경 선박 시장을 이끌고 있지요.

선박에 태양광이나 풍력을 이용하는 방법도 적극 시도되고 있어요. 고효율 태양광 패널로 선박을 덮어 전기를 생산하고, 추진 방식도 내연기관이 아닌 배터리와 모터 또는 연료전지 이용하면 유지 비용을 최대 90퍼센트까지 절약할 수 있지요. 전기 선박은 정기 여객선이나 호수, 강의 내수면 작은 배에서부터 점점 중형 선박으로 적용이 확대되고 있어요. 또한 연을 띄우거나 돛을 달아서 속도를 높이고 연료를 절약하는 방법도 적극적으로 시도되고 있는데, 바람의 방향이 맞는 경우에는 연료비를 50퍼센트나 절감할 수 있어요.

빨라지고 커지는 미래의 배, MHD 추진선과 초대형 고층 선박

모든 교통수단이 속도를 높이려는 노력을 하지만, 바다에서는 **선박의 속도를 높이려는 새로운 시도**가 계속되고 있어요. 수중익선은 배의 일부 또는 전체를 수면 위로 띄워 마찰을 줄이는 방식이에요. 물은 공기보다 밀도가 높아 비행기보다 작은 물속 날개로도 배를 띄울 수 있어서 빠르면서도 조용하게 운항할 수 있어요.

호버크래프트는 배와 수면 사이에 고압의 공기를 불어넣어 배를 띄우고 뒷면에 프로펠러나 제트추진 방식으로 전진해요. 1959년 처음 영국에서 발명했는데 연비도 좋지 않고 제조 단가가 높아 널리 쓰이지는 않지만, 최고 속도 시속 137킬로미터로 빠르고 항구가 없어도 해안이나 백사장에 쉽게 내릴 수 있어 레저, 군사용으로 주로 사용되고 있어요.

초전도 전자기(MHD) 추진선은 전자기력을 이용하는 배로, 기존의 선박처럼 스크루 같은 기계장치가 필요 없어요. 모터의 작동 원리인 '플레밍의 왼손 법칙'에 따라 전기와 자기를 수직으로 걸면 거기에 직각인 방향으로 힘이 발생해 그 힘으로 물속에 녹아 있는 이온들을 밀어내서 추진력을 얻는 원리예요. 이 추진 방식은 기계장치가 없으므로 진동과 소음이 거의 없어 안락하고, 음파 탐지기에 들킬 염려가 없어 잠수함과 같은 군사용으로 활용할 수 있어요. 아직은 추진력이 약해 상용화하기에는 더 기다려야 하지만, 머지않아 군용이나 소형 잠수정부터 적용될 수 있을 거예요.

움직이는 해상 도시라고도 불리는 초대형 고층 선박은 선박 내에서 주거, 쇼핑, 여가, 사무 등 일상생활이 가능해요. 정보통신 기술이

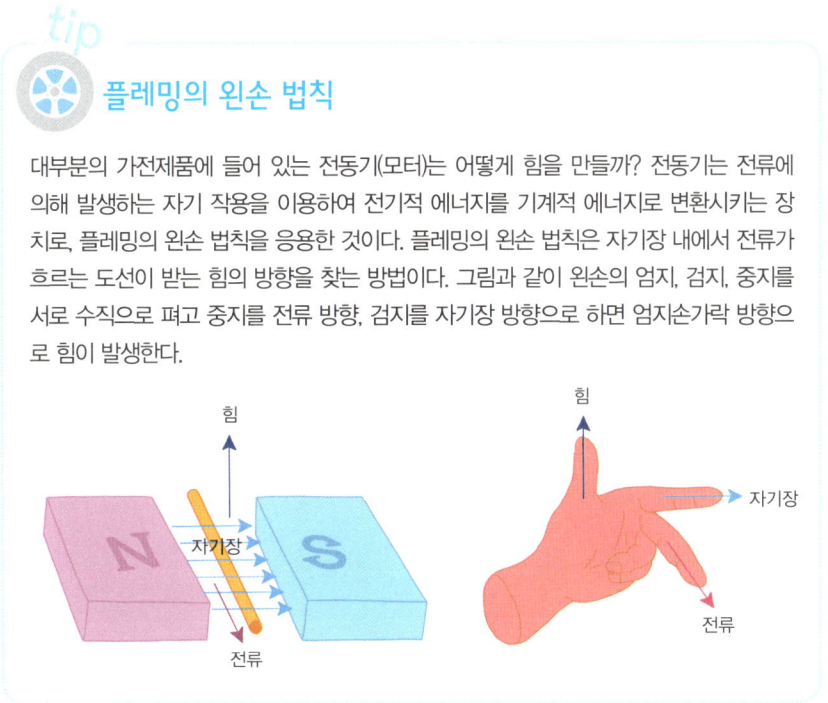

tip 플레밍의 왼손 법칙

대부분의 가전제품에 들어 있는 전동기(모터)는 어떻게 힘을 만들까? 전동기는 전류에 의해 발생하는 자기 작용을 이용하여 전기적 에너지를 기계적 에너지로 변환시키는 장치로, 플레밍의 왼손 법칙을 응용한 것이다. 플레밍의 왼손 법칙은 자기장 내에서 전류가 흐르는 도선이 받는 힘의 방향을 찾는 방법이다. 그림과 같이 왼손의 엄지, 검지, 중지를 서로 수직으로 펴고 중지를 전류 방향, 검지를 자기장 방향으로 하면 엄지손가락 방향으로 힘이 발생한다.

발달하면서 도심의 사무실로 출근할 필요 없이 크루즈선을 타고 생활하는 거지요. 초대형 고층 선박은 큰 파도나 해일에도 안전한 첨단 선박 건조 기술과 효율적이고 안전하면서 쾌적한 생활을 즐길 수 있는 첨단 건축 기술까지 갖춰야 하는 최첨단 기술의 집합체라고 할 수 있어요. 꼭대기에는 비행기나 개인용 항공기기 등이 이착륙할 수 있는 활주로도 있어요.

비행기에 도전하는 자기부상열차와 튜브

철도에서도 미래에는 자율주행이 확산되고, 디젤과 같은 내연기관에서 전기 구동 또는 연료전지와 같은 **친환경 에너지**로 바뀔 전망이에요. 이미 우리나라에서도 일정 구간에 무인철도가 운행 중이지만 중앙관제 센터에서 원격으로 통제하므로 아직 자율주행이라고 하기에는 이르긴 해요. 비행기가 보편화되면서 장거리 교통수단의 주인공 자리에서 밀려났던 철도는 고속철도가 개발되면서 다시 주목받고 있는데, **미래의 철도는 자기부상열차와 튜브**를 통해 비행기에 새로운 도전장을 내밀고 있어요.

궤도 위를 떠다니는 자기부상열차

자기부상열차는 자석이 같은 극끼리는 밀어내고 다른 극끼리는 당기는 성질을 이용해서 기차 바닥에는 같은 극의 자석을 배열해서 기차를 공중에 띄우고 기차 앞부분에서는 다른 극의 자석을 배열해서 당기고 뒤에서는 같은 극으로 밀어내서 기차를 앞으로 움직이는 원리예요. 바닥에 바퀴가 닿지 않기 때문에 마찰력 없이 낮은 구동력으로도 빠르게 달릴 수 있고, 바닥에 닿지 않기 때문에 소음과 진동도 없어서 쾌적한 승차감이 장점이에요. 고속으로 이동하는 차체의 안전한 운행을 위해 차체 아랫부분이 궤도를 감싸도록 되어 있어 탈선의 위험은 거의 없지만, 강력한 자력을 얻기 위해 초전도 자석을 사용하면서 승객에게 미치는 자기장의 영향은 아직 더 연구해야 할 부분이 남아 있어요.

자기부상열차는 1969년 독일에서 처음 개발을 시작해서 일본, 한국 순서로 개발을 시작했어요. 현재는 일본과 중국에서 상용화 노선을 운영하고 있고, 2015년 일본의 자기부상열차 리니어가 시속 603킬로미터를 달성해서 세계 신기록을 보유 중이에요. 우리나라도 2007년 한국기계연구원에서 독일, 일본에 이어 세계에서 세 번째로 자기부상열차 개발에 성공했는데 아직 상용화 소식은 들리지 않고 있어요. 하루 빨리 소리 없이 출발해서 사뿐히 도착하는 자기부상열차가 달리는 날이 오면 좋겠어요.

일론 머스크의 도전, 하이퍼루프

　미래에는 캡슐을 타고 진공 튜브 속을 초고속으로 이동하게 될지도 몰라요. 이런 아이디어는 『80일간의 세계 일주』로 유명한 프랑스 작가 쥘 베른의 아들 미셸 베른이 1888년 쓴 『미래의 특급열차』라는 SF소설에서 이미 등장했는데, 이 아이디어는 지금도 슈퍼마켓이나 병원, 사무실에서 서류나 현금 등을 이동하기 위해 튜브 내에 캡슐을 공기 압력으로 반송하는 시스템으로 사용되고 있어요.

　이런 오랜 아이디어를 실제로 구현하고 나선 사람은 미국의 전기차 테슬라를 만든 일론 머스크예요. 머스크는 미국 매사추세츠 공과대학(MIT), 네덜란드 델프트 공대와 공동으로 2016년 네바다 사막에서 시험 운행에 성공

했고, 2021년에는 두바이-아부다비 구간에 세계 최초로 하이퍼루프를 상용화하기로 했어요.

하이퍼루프의 원리는 진공 튜브 속의 자기부상열차라고 생각하면 쉬워요. 차체를 띄우고 달리고 멈추는 원리는 자기부상열차와 같은데, 튜브 안을 거의 진공에 가깝게 유지하면 공기 저항이 최소화되기 때문에 훨씬 빠른 속도로 달릴 수 있는 거예요. 현재까지는 캡슐 하나에 28명이 타고 2분마다 캡슐 하나씩 출발하는 시스템으로 한 시간에 840명을 수송할 수 있어서 비행기에 비해 수송 능력이 떨어지지 않아요.

미국은 철도가 가장 빨리 발달한 나라 중 하나이지만, 제2차 세계대전 이후 자동차와 비행기가 대중화되면서 단거리는 자동차에, 장거리는 비행기에 밀리면서 철도에 투자를 하지 않았고, 고속철도도 개발 시기를 놓쳐 다른 나라에서 기술을 수입해야 하는 실정이에요. 하지만 하이퍼루프는 건설비가 고속전철의 10퍼센트 정도밖에 안 될 정도로 저렴하다는 장점 때문에 고속철도를 아직 도입하지 않은 미국과 같은 나라에서 관심이 높아요. 하이퍼루프가 실현되면 시속 1200킬로미터로 주행이 가능한데, 로스앤젤레스와 샌프란시스코 사이 614킬로미터 구간을 단 30분 만에 주파할 수 있을 만큼 빠르다고 해요. 여객기 평균 속도가 시속 900킬로미터라는 점을 감안하면 도심 중앙까지 비행기보다 1.5배 가까이 빠른 속도로, 그것도 저렴한 가격으로 도착할 수 있는 하이퍼루프는 대단히 매력적이지요. 우리나라도 2018년 한국철도기술연구원에서 하이퍼루프를 국내 최초로 개발해서 연구 중인데, 상용화되면 서울-부산 간 500킬로미터 거리를 20분이면 주파할 수 있어요.

미래에 가족 여행은 우주로

1969년 미국의 닐 암스트롱이 아폴로 11호를 타고 달 표면에 착륙했을 때부터 많은 사람들은 우주여행을 꿈꿔 왔어요. 그런데 2021년은 이 꿈이 현실이 되는 첫해가 되는 것 같아요. 그동안 민간인 우주여행을 준비했던 회사들이 모두 성공적으로 여행을 마쳤기 때문이에요.

영국 버진 그룹의 리처드 브랜슨 회장이 2004년 설립한 **버진 갤럭틱**(Virgin Galactic)은 민간 우주탐사 기업이에요. 버진 갤럭틱은 2명의 조종사를 태우고 2019년 2월 최초로 유인비행에 성공한 이후, 2021년 7월 조종사 2명과 브랜슨 회장을 포함한 4명의 일반인 등 총 6명을 태우고 최초의 민간 우주여행에 성공했어요. 'VSS 유니티'라는 우주선을 타고 고도 86킬로미터까지 올라가 5분 정도 무중력 상태를 경험하는 여행인데, 2023년부터 본격 상업 서비스 예정이고 가격은 2억 원이 넘을 것 같아요.

블루 오리진(Blue Origin)은 아마존의 최고 경영자 제프 베이조스가 2000년 설립한 민간 우주기업이에요. 로켓 재활용을 통해서 우주여행 비용을 낮추고 궁극적으로는 화성에 사람이 사는 유인 도시를 건설하는 것이 목표예요. 2017년부터 15회의 시험 비행을 안전하게 마친 블루 오리

진은 마침내 2021년 7월 베이조스 회장을 포함한 일반인 4명을 태우고 고도 107킬로미터까지 올라가 10분간 무중력 상태를 체험하고 오는 여행에 성공했어요. '뉴 셰퍼드'호라는 로켓을 타고 고도 100킬로미터에서 캡슐을 분리하여 캡슐 창문으로 우주를 감상하는 여행이에요. 이번에 함께한 4명 중 1명은 322억 원에 티켓을 경매로 낙찰받았다고 하는데 블루 오리진도 곧 본격적인 상업 서비스를 시작할 예정이에요.

테슬라의 최고 경영자인 일론 머스크가 2002년 설립한 민간 우주개발 업체인 스페이스엑스(SpaceX)도 2021년 9월에 마침내 민간인 우주여행을 성공적으로 마쳤어요. 최초로 4명의 민간인만 태운 우주선 '크루 드래건'은 스페이스엑스의 로켓 팰컨 9호에 의해 우주로 발사되어 캡슐로 분리된 후 약 580킬로미터의 고도에서 3일간 지구를 매일 15바퀴나 도는 우주 체험을 하고 무사히 귀환했어요. 비록 버진 갤럭틱이나 블루 오리진보다 몇 달 늦었지만 국제우주정거장(ISS)보다 높은 인공위성이 실제 궤도 운동을 하는 고도까지 갔다는 점과 우주 조종사 없이 순수 민간인 우주여행을 성공했다는 점에서는 최초라고 할 수 있어요.

이전에 우주 개발이 정부 주도로 추진되어 왔다면, 최근에는 우주여행의 상업적 가능성을 염두에 두고 뛰어드는 기업들이 늘고 있어요. 정부 주도의 우주 개발을 '올드 스페이스'라 하고, 이처럼 민간 기업이 우주 개발을 주도하는 새로운 패러다임을 '뉴 스페이스'라고 불러요. 아직은 우주여행이 일반인이 감당할 수준의 가격은 아니지만 이러한 뉴 스페이스 덕분에 조만간 수학여행을 화성으로 떠나는 날을 기대해도 좋을 것 같아요.

Chapter 5
미래의 교통수단으로 달라질 모습

자동차일까, 비행기일까?

앞에서는 개인용 이동기기, 자동차, 항공기기, 기차, 선박 등 각 교통수단의 미래 모습에 대해 살펴봤어요. 그런데 미래에는 어느 한 가지 종류라고 말하기 어려운 두 가지 이상이 조합된 이동기기가 등장할 예정이고, 지금까지 우리가 교통수단을 이용하던 모습과는 전혀 다른 상

황이 발생할 거예요. **미래의 교통수단으로 달라질 우리의 생활과 그 영향**에 대해 생각해 봐요.

  자율주행 자동차 같은 미래의 교통수단을 이용해 여행을 하는 우리 가족의 모습을 상상해 볼까요? 온 가족이 함께 자동차를 타고 여행을 가요. 완전 자율주행 자동차라 아빠 일정을 이미 알고 차는 알아서 가기 시작해요. 핸들도 없고 아빠가 운전에 관여할 일도 없기 때문에 가족 모두 가운데 테이블에서 게임을 하기 시작해요. 게임을 시작하니 창밖에서 비치는 빛 때문에 방해받지 않도록 창문은 자연스럽게 외부의 빛을 차단하고 평온한 농촌 풍경을 비춰 주어요. 바깥의 소음은 특수 노이즈 제거 기술로 완전히 차단하고 차 안에서는 시원한 바람 소리와 매미 소리밖에는 들리지 않아서 마치 원두막에 앉아서 게임을 하는 것 같아요.

  지하 터널로 들어가면 고속으로 운

행해요. 미래에는 터널 안에서 기압을 낮추고 앞차와의 간격을 극도로 줄여 **군집주행**을 하면서 속도는 높이고 에너지 소비는 줄이는 새로운 기술이 개발되어 터널 구간에서는 속도를 거의 두 배 가까이 올릴 수 있게 되거든요. 또 터널 안에서는 무빙워크처럼 도로가 같이 이동해서 더 빨리 이동할 수 있어요. 터널을 나와 이번에는 휴게소로 들어가요. 옛날에 주차장이었던 공간은 모두 공원과 숲과 같은 쉼터로 바뀌어 사람들은 간식을 들고 숲속을 거닐면서 휴식을 즐겨요. **자율주행이 일상**이 되면서 사람들이 내리고 나면 차는 근처의 지하 주차장에 가서 알아서 배터리 충전도 하고 타이어나 차의 상태를 점검하기 때문에 지상에 주차장이 있을 필요가 없어요.

  휴식을 마치고 출발하려는데 아빠 차에서 연락이 와요. 가는 길에 군집주행 중이던 차량 10대가 사고가 나서 길을 막고 있다는 거예요. 그래서 다음 휴게소까지 약 100킬로미터 구간은 비행 모드로 이동하는 것이 어떠냐고 묻는 거예요. 잠시 후, 비행 모듈을 장착한 차를 타고 고속도로를 따라서 날기 시작해요. 이제 더 이상 차라고 불러야 할지 모르겠어요. 이미 많은 차들이 비행 모듈을 달고 하늘을 날고 있는데, 모두 항로를 따라 자율비행을 하기 때문에 서로 부딪힐 위험은 없어요. 재미있는 사실은 하늘에서는 빨리 나는 비행기는 더 높은 쪽에 차선, 아니 비행선이 있다는 점이지요. 다음 휴게소에 내려서 우리는 다시 차량 모드로 바꾸고 배터리가 많이 소모되어서 아예 새 배터리를 장착하고 길을 나서지요. 어떤가요? 지금과는 완전히 달라질 미래 우리의 생활이 잘 그려지나요?

달라질 주차 공간과 도로 환경

자율주행차가 주로 다니게 되면 자동차도 물론 바뀌겠지만 교통 인프라는 물론 건물과 주거 환경까지 많은 부분이 바뀔 거예요. 먼저 주차의 개념이 완전히 바뀌면서 기존의 주차 공간이 새로운 용도로 사용될 수 있을 거예요. 자율주행이 되면 차를 집 근처 가까운 데 주차할 필요가 없고 차가 알아서 아파트 근처에 가장 땅값이 싼 장소에 주차하면 되므로 아파트의 경우 기존의 지하 주차장은 창고나 피트니스 센터, 도서관 등 편의시설로 상당 부분 활용될 수 있어요. 지상의 주차장은 이미 없어지고 있는 추세이므로 아파트에서 차는 타고 내릴 때만 집 앞에 오면 되고 발레파킹처럼 주인이 내리면 차는 알아서 주차하고 있다가 주인이 타려고 할 때만 집 앞으로 오면 되겠지요.

개인 주택의 경우에도 집을 지을 때 아예 주차 공간을 생각하지 않아도 되므로 훨씬 공간을 넓고 자유롭게 사용할 수 있게 돼요. 기존의 주차장은 모두 창고나 방 등 다른 공간으로 활용하면 되고요. 차는 어디에 주차하느냐고요? 주택 단지 근처에 공동으로 주차 타워를 만들든지 지하에 주차장을 만들면 사람이 출입할 필요가 없으므로 접근성이나 계단, 조명

등을 신경 쓰지 않고 공간을 효율적으로 만들 수 있어요.

도심이나 상가의 건물은 더 획기적으로 바뀔 거예요. 기존의 주차 공간은 대부분 상가나 사무 공간, 창고 등으로 바뀌고, 새로 짓는 건물은 지하에 자동차가 들어가고 나오는 통로를 만들 필요가 없으므로 같은 지하 공간이면 훨씬 더 넓게 공간을 사용할 수 있거나 주차장을 위한 지하 공사를 덜 해도 되므로 건축비용도 훨씬 절약될 거예요. 지하에 무거운 차를 주차하기 위해 튼튼하게 했던 층간 하중도 사무 공간에 맞게 줄일 수 있어요.

자동차는 근처에 주차 전용시설에 완전 자동화된 주차 시스템으로 아주 효율적으로 주차되어 있다가 내가 필요할 때만 내 눈앞에 나타나면 되니, 훨씬 공간을 효율적으로 사용할 수 있겠지요. 여기서 주목할 점은 공유 경제의 시대에는 더 이상 '내 차'가 존재하지 않을 수도 있다는 거예요. 내가 어디를 가고 싶을 때 1인승, 2인승 또는 4인승 등 필요한 인원이 탈 수 있는 차를 필요한 때에만 이용하면 되고 거기에 맞는 비용만 지불하면 돼요. 그렇게 되면 필요한 자동차의 숫자는 훨씬 더 줄어들게 되겠지요?

　도로 교통 체계도 큰 변화를 맞을 거예요. 지금의 도로와 미래 도로의 가장 큰 차이점은 기존에 차가 다니던 길이나 자동차를 위해 존재했던 정거장, 신호등, 건널목, 교차로 등이 많이 없어지거나 다른 모습으로 바뀔 거라는 거예요. 도로에는 걸어 다니는 사람을 위한 인도나 상점, 휴식 공간 등 사람을 위한 공간이 훨씬 더 많은 비중을 차지할 것 같

아요. 마지막 교통수단으로 집이나 사무실까지의 거리는 걷거나 개인용 이동기기를 이용해서 이동하면 되므로 도로 위에는 자동차가 다닐 공간을 최소화할 수 있을 거예요. 사무실 앞이나 도로의 정류장에서 일단 차를 타면 바로 지하나 지상의 자율주행 전용도로로 들어가서 주행하면 되니까 찻길이 도로 위에 있을 필요가 줄어드는 거죠. 어쩌면 로마 시대에 만들어졌던 차도와 양 옆에 인도가 배치된 도로 체계가 2천 년 만에 바뀌는 시대가 올지도 몰라요.

 사람들이 많이 타고 내리는 대중교통수단은 현재의 버스 전용차선처럼 도로 중앙에 정기적으로 다닐 거예요. 옛날 전차처럼 시내 한복판을 멋진 미래의 전차가 다닌다고 상상해 보세요. 또한 전용차선에서는 자동차들이 군집주행으로 빠른 속도로 교통 체증을 최대한 줄이면서 달릴 수 있어요. 조금 장거리를 갈 경우에는 바로 지하에 전용 고속도로를 이용해서 달리는 건 당연하고요. 사람들을 위한 공간을 더욱 많이 만들기 위해 도로 중앙에 기둥을 세워 모노레일을 더 많이 만들 수도 있어요.

 사람들이 많이 다니는 사거리나 교통의 요지에는 공항이나 다른 근처의 도시들과 연결된 하이퍼루프 스테이션이 연결되어 있어서 많은 사람들이 튜브를 타고 내려서 전차와 같은 대중교통수단을 이용하거나 개인용 이동기기, 자동차 등을 사용하여 목적지까지 이동하게 돼요. 또한 플라잉 카 또는 개인용 항공기기들을 많이 사용하게 되므로 도로의 2층이나 고가도로에서는 바로 플라잉 카를 타고 이동할 수 있는 공간이 마련되어 시내 곳곳에서 바로 탈 수 있어요. 물론 플라잉 카는 날기 시작하면 바로 높이 올라가 도로 위의 사람들에게 피해를 최소한으로 주도록 해야겠죠.

자율주행 자동차의 교통사고는 누가 책임을 질까?

자율주행 자동차를 타고 가다가 사고가 나면 누구에게 얼마나 책임이 있을까요? 자율주행 자동차가 스스로 운행했으므로 자동차에게 100퍼센트 책임이 있을까? 그럼 그 자동차에 대한 책임은 누가 질까요? 차를 만든 제조회사일까요, 그 차의 소유주일까요? 여기 미래에 있을 법한 교통사고 현장으로 한번 가 보도록 해요.

A라는 사람이 자동차 제조회사 B에서 만든 완전 자율주행 자동차를 타고 가다가 사고가 났어요. 만약 100퍼센트 우리 쪽 과실로 사고가 났다면 누구에게 책임이 있다고 봐야 할까요? 차 주인은 주행 반대쪽으로 앉아 책만 보고 있었고 운전에 전혀 관여하지 않았는데도 책임을 져야 할까요? 운전은 자율주행차가 했으므로 자동차에게 책임이 있나요? 아니면 자동차 제조회사에게 책임이 있을까요?

조금 더 생각해 보면 문제는 훨씬 더 복잡해져요. 자율주행 자동차는 인공지능이 탑재되어 있어서 스스로 배우고 경험에 따라 발전해 가요. 그런데 그 경험과 발전 방향에 차 주인이 영향을 미치게 되지요. 예를 들면 차 주인이 성질이 급하고 교통 법규 어기는 것을 대수롭지 않게 여기는 사람이라고 생각해 보세요. 자율주행차가 처음에 세팅한 대로 안전하게 운전을 할 경우 차 주인은 자동차에게 신호 위반해도 좋으니까 빨리 좀 가라고 잔소리를 했을 거예요.

그럼 자동차는 주인의 말에 따라 운전할 것이고 자연스럽게 자동차의 운전 습관은 급해지고 신호도 때에 따라 어기는 방향으로 변하게 되겠지요. 이렇게 자율주행차의 운전 습관이 바뀐 상황에서 사고가 났다면 사고의 책임은 누구에게 있을까요? 나쁜 운전 습관을 들여서 사고 확률을 높인 차 주인이 사고의 책임으로부터 자유로울 수 있을까요? 그렇다면 자율주행차와 차 주인, 그리고 그렇게 나쁜 운전 습관을 습득하도록 허용한 자동차 회사도 책임이 있다면, 어떻게 책임을 나눠야 할까요?

사고에 대한 책임도 그렇지만 다시는 사고가 나지 않도록 안전 교육을 받는다면 누가 받아야 할까요? 운전면허도 없고 앞으로 운전할 일도 없지만 자기 차에게 나쁜 운전 습관을 가지게 한 차 주인이 안전 교육을 받아야 할까요, 나쁜 운전 습관을 습득한 자동차가 받아야 할까요? 아니면 이 자율주행차를 제조한 회사가 안전 교육을 받아야 할까요? 면허 정지나 벌점 처분은 누가 받는 게 맞을까요? 운전에 전혀 관여하지 않은 차 주인이 면허 정지를 받는다면, 내가 운전하지 않는 자율주행차를 타는 것도 금지해야 될까요? 이번엔 자율주행차가 면허 정지를 받는다고 가정해 봐요. 그럼 차 주인이 자동차 제조회사에 요청해서 자율주행 프로그램을 다른 것으로 바꿔서 타면 상관이 없을까요?

조금 더 상상을 해 볼까요. 평소에 자율주행 자동차를 잘 믿지 못하고 성질이 급한 차 주인이 있어요. 완전 자율주행 모드인데도 급하게 핸들을 직접 조작하거나 차가 내비게이션 지시에 따라가려고 할 때 방향을 마음대로 바꾸거나 해서 자율주행차와 차 주인 사이에 갈등이 자꾸 일어났어요. 그래서 자율주행차는 차 주인에게 양보하고 주인의 눈치를 살피는 습관이 생겼어요. 그런 상황에서 사고 순간에는 차 주인이 핸들을 조작하지 않고 자율주행차가 100퍼센트 완전 자율주행 모드로 운전하고 있었지만, 사고 순간에 차가 주인의 눈치를 살피느라 순간적으로 대응이 늦어 사고가 났다면 차 주인이 사고에 책임이 없다고 할 수 있을까요? 어쩌면 자율주행차 또는 자율주행 프로그램이 벌점을 받고 그렇게 자율주행차를 길들인 차 주인도 벌점을 받아 운전할 줄도 모르는데 운전 정지를 당하는 차 주인이 발생할지도 모른답니다.

누구를 살려야 할까? 트롤리 딜레마

 자율주행이 보편화되는 미래에는 복잡한 윤리적 문제와 부딪칠 수 있어요. 그 예가 바로 '트롤리 딜레마(Trolley Dilemma)'예요. '고장 난 기차 문제'라고도 하지요. 트롤리 딜레마는 '다수를 구하기 위해 소수를 희생하는 것이 도덕적으로 허용되는가.'라는 사고 실험이에요. 고장이 나서 제어 불능 상태인 기차가 달려오고 있고 그대로 직진하면 선로 위에 있던 5명이 사망해요. 당신이 선로 전환기를 당겨서 기차가 달리는 선로를 변경하면 다른 선로에 있는 1명만 사망하게 되고 원래 선로에 있던 5명은 생명을 건지게 되지요. 소극적으로 대응해서 선로 전환기를 당

기지 않으면 5명이 죽게 되지만, 5명을 구하기 위해 적극적으로 선로 전환기를 당기면 원래는 죽지 않아도 되는 한 사람이 죽게 되는 거예요. 여러분이 이런 상황에 처한다면 어떤 판단을 내릴까요? 실제로 자율주행 자동차를 만들면 이러한 다양한 상황에서 어떻게 판단할지를 미리 프로그램해 두어야 하기 때문에 이것은 그냥 재미있는 사고 게임이 아니라 실제 고민해야 할 문제예요.

　이런 경우는 어떻게 해야 할까요? 자율주행차가 갑자기 나타난 행인 2명으로 인해 어쩔 수 없이 두 사람 중에 한 사람을 칠 수밖에 없는 상황이에요. 그럼 이 경우에 두 사람 중에 누구를 선택할지 어떤 기준으로 판단해야 할까요? 또한 만약에 두 사람 중 한 사람은 어린이고, 나머지 한 사람은 노인이라면 어린이를 보호하는 것이 옳을까요, 노인을 보호하는 것이 옳을까요? 실제로 자율주행 회사들은 이러한 다양한 경우를 가정하면서 어떻게 판단하는 것이 가장 합리적인지 머리를 싸매고 고민하고 있어요.

　하지만 너무 걱정하지 않아도 돼요. 자율주행 자동차는 인간이 판단하고 반응하는 것보다 훨씬 더 빠르고 정확하게 반응할 수 있으므로 위와 같은 상황이 왔을 때 빨리 멈춰 설 수 있어서 저런 결정을 내려야 할 가능성은 생각보다 적어요. 또한 충돌할 수밖에 없는 상황이 닥치더라도 브레이크와 각종 센서 및 안전벨트, 에어백 등을 적절히 활용해서 탑승자를 안전하게 보호할 수 있을 거예요. 통계에서는 2040년이 되면 교통사고가 현재의 20퍼센트로 줄어들 것이라고 하니 안전한 미래를 기대해도 좋을 것 같아요.

자율주행과 차량 공유 시대에 힘들어질 산업

자율주행은 차량 공유와 맞물려 엄청난 사회 경제적인 변화를 가져올 거예요. 100여 년 전 자동차가 처음 등장하면서 다가온 '마이카(My Car)' 시대와 거기에 맞추어 형성된 다양한 사회 시스템이 어떻게 바뀔지 전체를 모두 상상하기는 어렵지만 몇 가지 산업은 어려움을 겪고 또 새롭게 등장하는 새로운 산업도 있을 거예요. 미래를 살게 될 우리들에게는 이러한 변화를 미리 알고 대응하는 것이 무척 중요해요. 먼저 어려움을 겪을 산업부터 한번 살펴보기로 해요.

신차 판매 산업은 가장 먼저 위기에 처할 수 있어요. 자율주행과 차량 공유가 활성화되면 자동차 1대가 현재의 10대 가량을 대체할 수 있다고 해요. 비록 모든 사람이 자동차를 공유하지는 않겠지만 미국의 경우 가구당 자동차가 약 2대에서 1대로 줄어들 예정이고 2025년에는 자동차 판매량이 40퍼센트 정도나 감소할 전망이에요. 자동차 등록 대수가 줄어들고 사고도 줄어들 전망이어서 자동차 보험 업계도 어려움을 겪을 거예요. 자동차 사고의 90퍼센트는 차량 결함보다는 음주 운전, 마약, 졸음, 주의 태만 등 운전자 때문이에요. 자율주행 시대가 열리면 이로 인한 사고는 사라지게 될 것이고, 보험료 지급도 줄어들어 결국 자동차 보험

업계는 크게 위축될 거예요. 자율주행 모드에서는 운전자 보험도 들 필요가 없어지게 되어 미국의 경우 자동차 보험 시장은 현재보다 약 40퍼센트 감소할 전망이에요.

자동차 대수가 줄고 사고도 90퍼센트나 줄어들게 되니 자동차 정비 산업 역시 지금보다 규모가 줄어들 가능성이 높아요. 전기 자동차는 내연기관 자동차에 비해 필요한 부품 수가 적은 데다 소프트웨어를 통해 제어하기 때문에 자동차 정비 시장은 현재의 50퍼센트 정도로 축소될 수 있다고 전망해요. 자율주행과 차량 공유로 인해 운전에 종사하는 수많은 사람들이 직업을 잃게 될 거예요. 택시 기사, 버스 운전기사, 트럭 운전수들은 모두 자리가 위태롭게 될 것이고, 공장이나 창고의 운송기기 및 공사 현장의 중장비 기사 등도 새로운 직업을 찾아야 할 거예요.

대중교통 관련 산업도 많이 축소될 거예요. 많은 사람들이 한꺼번에 이용하는 지금의 대중교통 체계는 사용자의 편의보다는 공급자의 편의 위주로 설계되어 있어요. 버스가 정해진 정거장에만 서고 지하철도 정거장에서만 타고 내릴 수 있으니까요. 이와 같은 기존의 대중교통 체계는 변화하지 않으면 설 자리를 잃게 될 수 있어요. 원하는 때와 장소에 이용할 수 있고 일단 타고 나면 자율주행과 군집주행 등을 이용해서 대중교통처럼 편하게 이용할 수 있는 교통수단이 발달하면서 내 차를 이용하는 것보다 저렴하게 차량 공유 시스템을 이용하려는 사람이 늘어날 거예요.

도심 부동산에도 큰 변화가 있을 거예요. 자율주행과 차량 공유가 활성화되면 현재보다 더 외곽에 저렴한 곳에서 출퇴근하는 사람이 늘어 도심에 사무와 주거 공간은 수요가 줄어들 것 같아요. 또한 차량 대수가 줄고 건물마다 주차장 수요가 줄면서 주차장으로 인한 수입이 줄어들고 자율주행 자동차를 위한 전용 주차 공간이 확대되는 등 도심 부동산에도 큰 변화가 있을 전망이에요. 주차장도 수요가 줄어들 거예요. 현재처럼 사람이 타고 내리기에 편한 데 주차를 하는 것이 아니라 사용자가 차에서 내리면 자율주행 자동차는 걷기에는 부담스러운 거리라도 쉽게 이동해서 지하 깊은 주차장에서 대기하고 있다가 다음 사용자가 호출할 때 이동하면 되니까, 현재의 주차장들은 대부분 다른 용도로 사용될 가능성이 높아요.

주유소도 마찬가지예요. 자율주행과 전기차가 활성화되면 기존의 주

tip 같은 차를 여러 사람이 나눠 쓰는 차량 공유

차량 공유 시장은 '라이드셰어링(Ride-sharing)'과 '카셰어링(Car-sharing)'으로 구분할 수 있다. 라이드셰어링은 사업자가 차량과 기사를 제공하고 소비자는 이동 서비스만 받는 모델이다. 사업자가 직접 차량 또는 기사를 보유하고 서비스를 제공하는 방식으로 운영할 수 있고, 차량 소유주 및 기사와 소비자를 연결하는 방식으로 운영할 수도 있다. 미국의 우버나 싱가포르의 그랩 등이 라이드셰어링 회사인데, 자신의 차로 택시와 같이 영업할 수 있도록 기사에게 플랫폼을 제공하고 소비자는 택시처럼 이용한다. 카셰어링은 단기 렌탈과 비슷하게 차량을 공유하는 개념으로 사용자가 일정 기간 차를 대여하는 서비스이다. 한국의 쏘카, 그린카, 독일의 카투고(Car2go) 등이 카셰어링 서비스사인데, 사업자가 차량을 제공하면 사용자는 필요한 시점, 장소에서 차를 대여해서 사용하고 반납한다.

유소나 가스 충전소는 전기차 충전소로 바뀌어야 하고 차량의 대수가 줄어들게 되므로 주유소도 대폭 줄어들 예정이에요. 전기차 충전은 일주일에 한 번만 하면 되고, 충전이 필요하면 사용자는 쇼핑몰이나 카페에서 쉬고 있고 자율주행 전기차는 충전소에 가서 충전을 하고 오면 돼요. 그보다도 충전이라는 일 자체를 사용자가 신경 쓸 필요 없이, 자동차가 알아서 충전하고 사용자는 사용만 하는 시대가 올 거예요.

자동차 대수가 줄어들고 교통사고가 줄어들면 교통경찰은 당연히 필요가 줄어들겠지요. 또한 스스로 운전하는 사람이 줄어들고 차를 운전하기 위해 운전면허를 딸 필요도 없어지면서 운전 교습과 관련된 산업도 모두 축소될 전망이에요. 배달이나 택배업도 더 이상 오토바이나 미니밴을 타고 다니면서 직접 배달할 필요가 없어지므로 많은 부분 자율주행 이동기기로 대체될 전망이에요.

자율주행과 차량 공유 시대에 떠오를 산업

앞에서 이야기한 산업들이 어려움을 겪는다면 반면에 새로운 기회를 맞아 발전하는 산업도 있어요. 인터넷의 역할은 앞으로 더욱더 중요해질 거예요. 수많은 차량들이 연결되어 데이터를 주고받고 또한 고속으로 이동하면서 데이터를 사용하려면 현재보다 훨씬 빠르고 더 많은 데이터를 동시에 주고 받을 수 있는 인터넷 시스템이 개발되어야 하고 또한 이러한 시스템을 개발하고 운영하는 업무가 더 많이 필요할 예정이에요. 자동차 안에서 탑승자들이 사용하는 데이터를 활용하여 맞춤 광고를 하거나 차 안에서 먹을 수 있는 음료나 음식을 개발하고 배달하는 서비스 등에도 인터넷은 꼭 필요할 거예요.

자율주행 자동차와 차량 공유가 일상이 되고, 플라잉 카나 하이퍼루프 등 새로운 교통수단이 도심 중앙까지 들어오게 되면 이러한 새로운 교통체계를 효율적으로 운영하기 위한 완전히 새로운 도심 교통체계가 필요해요. 미래의 교통수단에 맞추어 도시 계획도 완전히 새로 마련되어야 하니, 도시 계획 전문가들이 할 일이 많아질 거예요. 기존의 주차장이나 대로변의 주유소 등은 용도를 변경해 새로운 공간으로 만들고, 자율주행 자동차 전용 주차장과 충전소, 플라잉 카 터미널 등을 만드는 부동산업이 활기를 띨 거예요. 또한 더 많은 사람들이 도심 외곽에서 출퇴근하면서 대도시 인근의 부동산 경기는 활성화될 거예요.

자율주행 시대가 되면 차 안에서 즐길 수 있는 인포테인먼트가 더욱 중요해질 거예요. 인포테인먼트(Infortainment)는 인포메이션(Information, 정보)과 엔터테인먼트(Entertainment, 오락)를 합친 말인데, 정보 전달 기능에 오락성을 더한 기기나 콘텐츠를 뜻하는 말이에요. 인포테인먼트 시스템이 갖추어진 자율주행차 안에서 음악이나 게임을 즐기면서 길 찾기 같은 주행 정보도 얻을 수 있는 거지요. 안전하고 완벽한 자율주행을 위해서는 정밀한 지도와 주변의 자동차나 기지국에서 받은 차량 및 교통 관련 정보, 그리고 카메라와 센서를 통해 얻은 데이터를 잘 활용하는 시스템이 꼭 필요해요. 인포테인먼트 시스템은 이와 같은 자율주행에 필요한 다양한 정보와 함께 차 안에서 즐길 수 있는 오락거리도 제공할 거예요.

미래에는 자동차가 더 이상 운전을 위한 공간이 아니라 이동 중에 활용할 수 있는 공간이 될 테니, 차 안에서 즐길 수 있는 새로운 형태의 엔터테인먼트들이 등장할 거예요. 기존의 카페나 식당, 연극이나 극장 또는 공연과는 전혀 다른 형태로 즐길 수 있게 될 거예요. 가상현실(VR) 디스플레이를 통하여 멀리 떨어져 있거나 가상의 친구들과 함께 있는 것처럼 보면서 즐기는, 현재까지 존재하지 않았던 새로운 형태의 즐길 거리가 등장할 것 같아요.

새로운 교통수단에 맞춰 인테리어 산업도 발달할 거예요. 자동차가 휴식과 사무의 공간으로 바뀌면서 현재의 주행과 안전을 위한 차 안의 모습은 완전히 바뀌게 될 거예요. 우선 의자는 모두 앞을

보고 있는 것이 아니라 마주 볼 수 있게 바뀔 것이고, 가운데에 회의나 교제를 위한 테이블을 놓을 수도 있어요. 또한 비행기 일등석처럼 완전히 누울 수 있는 좌석이 될 수도 있어요 창문에도 디스플레이를 통해서 원하는 풍경을 만들거나 외부와 완전 차단해 아늑한 실내조명이 있는 고급스러운 인테리어도 가능할 거예요. 한편, 여러 사람이 이용하는 공유 차량의 경우 조명과 창문 디스플레이를 포함한 다양한 인테리어 요소들을 개인 취향에 따라 쉽게 바꿀 수 있도록 설계할 수 있을 거예요.

　무엇보다도 사이버 보안이 아주 중요한 분야로 떠오를 거예요. 자동차들이 자율적으로 운행하고 차량 간의 통신으로 교통 상황을 파악해서 주행 경로나 이동 방향을 결정하는데, 누군가 나쁜 생각을 가지고 해킹을 해서 사고를 일으키거나 테러를 저지른다면 어떻게 될까요? 상상도 하기 싫은 일이 벌어질 거예요. 이러한 사고를 최대한 방지하기 위해 사이버 보안은 필수이고, 앞으로 이 분야의 전문가들이 많이 필요할 거예요.